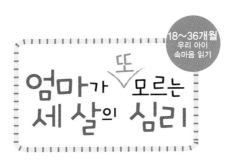

18~36개월
우리 아이
속마음 읽기

엄마가 또 모르는
세 살의 심리

엄마가 또 모르는
세 살의 심리

초　판 1쇄 발행　2010년 3월 22일
초　판 28쇄 발행　2022년 7월 27일

지은이　제리 울프
옮긴이　서희정

펴낸이　김은선
펴낸곳　초록아이

주　소　경기도 고양시 일산서구 주화로 180 월드메르디앙 404호
전　화　031-911-6627
팩　스　031-911-6628
등　록　제10-2007-000069호(2007.6.8)

ISBN　978-89-92963-75-6

푸른육아는 도서출판 초록아이의 임프린트로 육아서 브랜드입니다.

* 잘못된 책은 바꾸어 드립니다.

18~36개월
우리 아이
속마음 읽기

엄마가 또 모르는
세 살의 심리

제리 울프 지음 | **서희정** 옮김

푸른육아

여는 글

　아이가 어릴 적 갓난쟁이인 딸을 배낭처럼 생긴 캐리어에 짊어지고 다니곤 했어요. 당시엔 딸아이도 그걸 매우 좋아했답니다. 하지만 아이가 점점 자라 캐리어에 메고 다니기가 조금 버거워졌을 때, 딸아이 역시 엄마의 등에서 바라보는 세상보다는 엄마와 떨어져 자기 주변의 세상을 탐구할 준비를 했지요.

　딸아이에게 찾아온 변화와 함께 엄마로서도 달라져야 했습니다. 지금까지는 아이를 씻기고, 배불리 먹이며, 즐겁게 놀아 주는 데 꽤 능숙한 엄마라고 생각했지요. 하지만 두 돌 무렵이 되니 아이는 엄마가 골라 준 옷을 거절하고, 사촌에게 물려받은 낡은 옷만 입겠다고 고집을 피우지 뭔가요? 게다가 장난감에 관한 것이나 카시트에 앉는 것, 언어를 적절히 사용하는 것 등에 대해서도 고집을 부리기 시작했습니다.

아이의 고집과 마주하면서 이를 현명하게 해결하기 위해 새로운 방법을 찾으려고 애썼습니다. 처음 떠오른 생각은 어떤 형태로든 벌이 필요하다는 것이었지요. 예를 들어 차 안에서 제멋대로 행동하려는 것에 대해서는 결코 타협의 여지를 두지 않았습니다. 자칫 큰 사고로 이어질 수도 있으니까요. 또한 우스꽝스럽기도 하고 어른의 시각에서는 이해하기 어려울뿐더러 어처구니없기까지 한 딸아이의 옷이나 신발에 대한 취향도 어쨌든 칭찬하고 격려해 줄 수 있는 건 아니라고 생각했지요.

하지만 부모라는 이름으로 아이에게 행해지는 이런 식의 통제가 과연 옳은 것인지에 대해 점점 의문이 들고 궁금해졌습니다. 아이가 자기 고집대로 옷을 입겠다고 우길 때 저 옷이 뭐가 그리 특별하다고 난리를 피우며 고집을 부리는 걸까, 혹시 거기엔 뭔가 이유가 있지 않을까 하고 생각하게 된 것이지요.

그 밖에도 카시트를 거부할 때, 카시트가 불편한 건지 아니면 꼼짝 못하고 있는 것이 이제 세 살이 된 아이에게 무리인 건지 궁금해졌답니다. 그리고 말은 어떻게 배우는지, 또 어떤 말들은 결코 해서는 안 된다는 것을 어떻게 알게 되는지도 궁금해졌지요.

이러한 질문들에 대해 답을 찾는 동안 나 자신에 대해서도 흥미로운 점들이 있다는 걸 깨닫게 되었습니다. 예컨대 옷장에 서너 벌의 청바지가 걸려 있지만, 외출할 때 손이 가는 건 언제나 같은 청바지란 것도 그 중의 하나였답니다. 또 가끔 장거리를 차 타고 가야 할 때, 오랜 시간 차 안에 있어야 한다는 상상만으로도 몸이 움찔해지고, 친구나 이웃과 기꺼이 나누고 싶지 않은 그 어떤 것들도 있음을 알게 되었지요.

어떻게 보니 딸아이와 이런 면에서 많이 닮아 있음을 알게 되었습니다. 물론 아이의 생김새는 엄마인 나보다 아빠를 훨씬 더 닮기는 했지만 말이에요. 딸아이가 어른인 나와 다른 점이라면, 자기 생각을 다른 사람이 충분히 이해하거나 받아들일 수 있도록 언어와 행동으로 표현하는 능력을 아직 갖추지 못했다는 점뿐이었습니다.

이러한 깨달음은 육아에 있어 좀 더 긍정적인 마인드를 갖게 해주었답니다. 그러자 일방적으로 엄마인 내 기준에 맞춰 아이를 나무라고, 무조건 행동을 바꾸려고만 했던 예전과 달리, 아이가 무엇을 하는지 보고 아이가 경험하고 느끼는 것을 이해하기 위해 노력하게 되더군요.

육아에 대한 이러한 접근은, 두세 살짜리 아이들은 때론 너무 힘들기 때문에 무조건 소리 지르고 야단치는 대신 꼭 끌어안고 사랑한다고 말해 줄 누군가가 필요하다는 걸 알게 되었습니다. 어른의 시각에서 아이들의 마음과 시각으로 전환하는 게 결코 쉬운 일은 아니었지만, 매우 의미 있는 시도였지요. 이제 두 돌을 전후해 세 돌을 향해 가는 아이들의 기분은 어떤지, 그리고 배고픈 것을 참으며 엄마를 따라 장을 볼 때의 피곤함이 어떤 것인지, 또 가장 아끼는 것을 다른 사람과 함께 쓰라고 강요받는 기분과 유아용 변기 사용법을 배워야 하는 난감함 등에 대해 좀 더 이해할 수 있게 되었으니 말이에요.

가족과 인간성 발달에 관해 공부했고, 또 이러한 것에 관련된 이론적 정보들도 많이 파악하고 있을 뿐만 아니라 아이를 키우면서 육아에 대한 공부도 많이 했답니다. 대학에서 아동 발달 및 부모 교육 전문가로 활동하면서 수많은 부모들과 함께 일할 기회도 많았지요. 그러나 그 무엇보다 나에게 있어 가장 최고의 선생님은 바로 어린아이들이었습니다.

딸아이가 태어났을 때 아이와 함께 신생아 육아교실에 참가한 적이 있답니다. 정규 과정은 6개월이었지만, 그곳에서 만난 사람들과의 우정은 그 이후로도 계속되었습니다. 또 딸아이가 만 두 살 때, 우리는 부모들이 참여하는 보육원에 봉사를 다녔고, 그곳에서 더 많은 사람들과 만날 수 있었지요. 그곳 아이들을 비롯해 우리 이웃의 많은 아이들은 너무나 훌륭한 선생님이 되어 주었습니다.

아이들은 모두 독특하고 개성이 넘쳤습니다. 우리 딸은 놀라운 어휘력을 선보였고, 어떤 아이는 넘쳐나는 에너지를, 또 다른 아이는 특유의 친절함과 애교를, 또 어떤 아이는 나이답지 않은 결단력을 보여주었으니까요. 모두 만 두 살에서 세 살의 삶을 경험하는 아이들이었는데, 그 과정을 통해 그들은 자립심과 자각심이 발달했고 놀라울 만큼 많은 것을 배워 나갔답니다.

이 책은 이제 두 돌을 전후해 세 돌이 될 때까지 그 나이가 된다는 게 어떤 의미인지 아이의 시각에서 접근해 본 것입니다. 두세 살 아이들은 왜 그렇게 행동하는지, 어떻게 느끼고 생각하는지, 그리고 부모로부터 무엇을 바라고 필요로 하는지 말하고 싶었습니다. 마치 아이가 엄마에게 말하는 것처럼 서술했지만, 아이들의 발달 수준을 세심하게 고찰해 그들이 말로 전하지 못한 생각들을 대신 표현했습니다.

찬찬히 읽다 보면 부모로서 우리가 매일 부딪치는 여러 가지 문제들을 어떻게 다뤄야 하는지 잘 알 수 있을 것입니다. 더불어 아이를 귀찮게 하는 방해물들이 사방에 도사리고 있다는 것도 공감하고 이해할 수 있을 것입니다.

46개의 짧은 이야기들로 구성된 이 책은, 8개의 장으로 나누어져 각 장마다 육아에 꼭 필요한 문제들을 다루고 있습니다. 현재 직면하고 있는 문제들을 먼저 골라서 읽어보는 것도 좋답니다. 이 책이 육아로 인한 짜증과 분노, 훈육에 관한 문제들에 대해 매번 갈등하는 부모들에게 희망의 메시지가 되길 바랍니다.

　아이들에 대해 더 많이 알고 이해하게 되면 아이와 함께 생활하며 부딪치게 되는 여러 육아 문제들을 해결함에 있어 보다 많은 전략들을 갖게 된답니다. 때때로 이 시기는 부모와 아이 모두에게 매우 힘든 시간이 될 수도 있습니다. 그러나 그것은 또한 우리들이 아이와 함께 세상을 배워 나가고, 문제를 해결하면서 보내는 짧지만 소중하고 재미있는 시간이 될 수도 있다는 것을 부디 기억했으면 하는 바람입니다.

페기 울프 PH.D

추천의 글

눈에 넣어도 아플 것 같지 않은 사랑스럽고 예쁘고 상냥하던 아이가 어느 날부터 달라졌습니다. 엄마 말이라면 무조건 따르던 아이였는데, "싫어!", "안 할래!", "내 거야!"와 같은 감정 섞인 말들을 소리 높여 외치기 시작합니다.

엄마가 보기엔 아무 일도 아닌데 사람들 북적대는 곳에서 느닷없이 뒤집어지기도 하고, 하루에도 수십 번 이랬다가 저랬다가 변덕이 죽 끓듯 하며, 엄마가 먼저 엘리베이터 버튼을 눌렀다는 사소한 문제에도 고래고래 악을 쓰기도 합니다. 게다가 이를 닦거나 목욕하는 것, 옷을 입는 것과 같은 일과도 예전과 달리 황소고집을 부리며 엄마의 진을 쏙 빼놓을 때가 있습니다.

이쯤 되면 엄마는 슬슬 화가 나기 시작합니다. 그간 엄마인 내게 큰 기쁨을 안겨주던 아이가 대체 무엇 때문에 이렇게 달라진 걸까?

하지만 곤히 잠들어 있는 아이의 천사 같은 모습을 보노라면 이내 마음이 누그러지며, 내일은 아이와 다시 잘 지내보겠다고 수없이 마음의 다짐을 해봅니다. 그렇지만 아이와 치르는 전쟁 속에서 다짐은 어느새 물거품이 되어버리고 말지요.

갓난쟁이 동생을 때린다거나 엉뚱한 말썽과 고집을 부릴 때면, 참다못한 분노가 활화산처럼 치솟아 오릅니다. 이성은 마비되고 분노는 온몸을 휩쓸어 버릴 듯 거침없이 솟구쳐 큰 소리로 야단을 친다거나, 자신도 모르게 손이 올라가다가 아이의 자지러질 듯한 울음소리에 깜짝 놀라 정신을 차리기도 합니다. '대체 내가 이 연약한 아이에게 무슨 짓을 하고 있는 거지?' 그제야 죄책감과 후회가 밀려오지요.

세 살 아이의 마음속에는 무엇이 들어 있을까요? 아이의 속마음을 알 수만 있다면, 아이의 수수께끼 같은 행동을 이해할 수만 있다면 이런 악순환의 고리를 끊어버릴 수 있을 것 같은데……. 지금부터라도 다시 아이를 있는 그대로 사랑해 준다면, 이전의 행복했던 부모와 아이 사이의 관계로 되돌아갈 수 있을까요?

세 살, 그러니까 두 돌 이전의 아이는 엄마와 거의 하나였습니다. 하지만 세 살 무렵에는 엄마에게만 의존했던 마음에서 서서히 독립해 나가며 본격적인 인생의 모험을 시작합니다. 아이에게 있어 이 모험은 신 나는 것이기도 하지만, 한편으론 무척이나 두려운 것입니다.

때론 아기로서 엄마에게 의존하고 싶고, 또 때론 큰아이로서 엄마로부터 독립하고 싶은 마음이 하루에도 수십 번 교차하기에 세상의 아이는 모두 변덕스러울 수밖에 없습니다.

미숙한 아이는 때론 자신이 세상의 주인이라도 된 양 모든 걸 자기 손으로 주무르려고 합니다. 그러다 자기 수준보다 너무 높아 혼자 해낼 수 없는 과제나 도전을 만나게 되면 좌절감에 세상이 무너질 듯 울음을 터뜨리기도 하지요.

세 살은 자신이 느끼는 감정이 무엇인지 분명하게 알 수 없고 통제할 수 없기에 어른의 입장에서는 이해하기 어려울 정도로 감정의 변화가 심합니다. 또한 무엇에 한번 깊게 빠지면 마음을 바꾸기도 어렵기에 고집불통처럼 느껴지기도 합니다.

말이나 못하면 얄밉지도 않지요. 이제 슬슬 발달하기 시작한 언어 능력은 때론 깜찍하게, 또 때론 얄밉게 엄마를 당혹스럽게 만들기도 합니다. 특히 착한 딸로 성장해, 착한 아내와 엄마가 된 사람이라면 세 살 아이와의 관계는 점차 시련과 고통으로 점철된 최악의 상황으로 흘러가게 될 가능성이 높아집니다.

착한 엄마는 지금껏 부모, 나아가 선생님, 친구, 남편의 사랑을 받기 위해 자신의 욕구를 억누르며 착한 이미지를 무의식적으로 받아들여 왔습니다. 어릴 때 자신이 하고 싶어 하던 것을 마음껏 하지 못했고, 갖고 싶은 것도 남에게 양보하면서 포기해야 했습니다. 그렇게 성장해 엄마가 되자, 내 아이에게만은 자신의 부모로부터 받은 것보다는 훨씬 더 많이 배려해 줘야겠다고 결심했습니다. 또 그렇게 실천했다고 생각하는데, 아이는 뻔뻔하게도 더 많은 것을 요구합니다.

상처받은 욕구를 억누른 채 엄마 안에 존재하고 있던 내면아이는 멋대로 행동하고, 멋대로 소유하려 하는 아이에게 강한 질투의 감정을 갖게 됩니다. 그러면서 훈육이라는 이름 아래 억눌렸던 분노를 폭발해 버리고 마는 것이지요.

엄마의 분노는 세 살 아이를 또다시 자신과 같은 착한 아이가 되도록 무언의 압력을 넣게 되고, 아이는 이 과정에서 수치심을 느끼게 됩니다. 이러한 수치심을 일단 아이가 자신의 내면으로 받아들이게 되면 자연스럽게 느끼고 표현해야 하는 다양한 감정들을 사정없이 할퀴고 잡아먹으며 살아가는 내내 족쇄처럼 아이의 발목을 잡게 됩니다.

《엄마가 또 모르는 세 살의 심리》는 아이의 마음을 제대로 알지 못해 사랑하는 자녀에게 수치심으로 인한 우울과 강박, 불안이라는 무거운 족쇄를 채우게 되는 인생의 함정에 빠지지 않도록 지혜와 통찰을 줍니다. 책 속에서 세 살 아이가 내 마음은 지금 이렇다고 속삭이며 알기 쉽게 이야기할 때, 마치 내 안에 억눌린 세 살 아이가 자신의 감정을 이야기하는 것 같아 깊은 위로를 받을 수 있습니다.

　이 책의 주제 하나하나는 그냥 선정된 것이 아닙니다. 아동발달 전문가인 저자의 오랜 연구와 경험이 없었다면, 세상 아이들이 보이는 발달상의 보편적인 특징을 파악해 이처럼 정확하게 집어낼 수 없었을 것입니다. 언급하고 있는 많은 이야기들, 예컨대 자신이 느끼는 감정이 뭔지 가르쳐 달라거나, 소유를 충족시켜 달라는 것이나, 지금 징징대는 것은 욕구의 표현이니 좀 더 세련되게 표현할 수 있을 때까지 인내심을 갖고 기다려 달라는 세 살 아이의 부탁은, 실제 육아에 적용시키면 놀라운 변화를 가져올 수 있는 중요한 지침들입니다.

　물론 세 살 아이들은 실제로 엄마에게 이렇게 자신의 욕구와 마음을 자세히 표현할 수는 없습니다. 그렇기 때문에 이 책의 가치가 보다 크다고 생각합니다. 세 살 아이들이 간절하게 느끼지만 표현할 수 없었던 이야기들을 대변해 주고 있기 때문이지요.

　교육에 깊이 들어가면 갈수록 아이의 마음을 몰라 부모가 무심코 던진 말이나 행동이 훗날 아이의 인생에 어떤 어두운 그림자를 던지는지 점점 더 확실하게 알게 됩니다. 우리 아이들의 속마음을 이해하고, 있는 그대로 온전히 사랑하면서 키울 수 있는 따뜻한 마음과 구체적인 육아의 실천 방법을 알려준 저자에게 깊은 존경을 표합니다.

푸름이빠 최희수

Contents

여는글
추천의글

Part 01 난 하루가 다르게 성장하고 있어요

Part 02 세 살짜리의 독특한 세계를 이해해 주세요

친구들을 소개할게요!

주세요~
과자, 네~?

민영이는
내 친구~

어때요?
내가 했어요!
잘했죠?

엄마! 아야~
호~

Part
01

난 하루가 다르게
성장하고 있어요

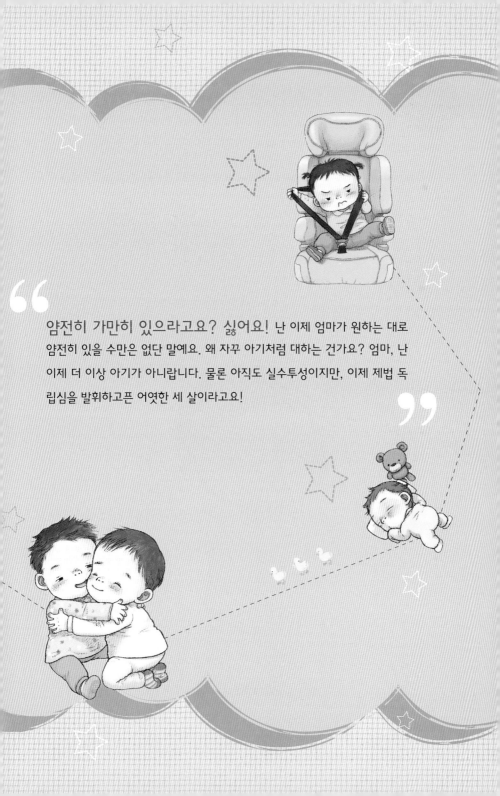

" 얌전히 가만히 있으라고요? 싫어요! 난 이제 엄마가 원하는 대로 얌전히 있을 수만은 없단 말예요. 왜 자꾸 아기처럼 대하는 건가요? 엄마, 난 이제 더 이상 아기가 아니랍니다. 물론 아직도 실수투성이지만, 이제 제법 독립심을 발휘하고픈 어엿한 세 살이라고요! **"**

조금만 기다려 주면
혼자 할 수 있어요

내가 해요! 내가 할 거예요!
비록 지금은 엉망이지만,
언젠가는 나도 무엇이든 혼자 척척
잘 해낼 거예요. 그럼 엄마의 수고를
많이 덜어 줄 수 있겠죠?

으쓱   으쓱

 내가 아기였을 땐 배가 고파도, 기저귀가 젖어도, 엄마의 도움을 받지 않으면 난 아무것도 할 수가 없었어요. 고마워요, 엄마! 그동안 진짜로 날 너무나 잘 돌봐 주셨어요.

하지만 이제 나도 세 살이니까 앞으로는 스스로를 돌보는 방법을 배워야 할 때가 된 것 같아요. 뭔가를 나 혼자 해냈을 때 기분이 참 좋거든요. 오늘은 나 혼자 셔츠의 단추를 채워 봤답니다. 손도 혼자 씻었고요. 여기저기 엉망으로 흘리긴 했지만 빵에다 잼도 발라 보았어요. 그리고 참, 엘리베이터를 탈 때는 단추도 꼭 내가 눌러 볼 거예요.

이런 소소한 일들이 내게 얼마나 중요하고 의미가 있는 일인지 엄마는 잘 모르시는 것 같아요. 그래서 난 엄마가 무심코 나 대신 엘리베이터 단추를 눌러 버리거나 하면, 마구마구 소리를 지르며 야단법석을 떨어요. 내가 너무너무 화가 났다는 걸 엄마에게 확실히 알려주려는 거예요.

어떤 때는 내 행동이 너무 굼뜨고 느려서 가만히 지켜보기엔 답답하고 속이 터질 수도 있을 거예요. 그래도 내가 할 수 있는 일이라면 인내심을 갖고 지켜보면서 내버려 두셨으면 좋겠어요. 끝까지 해낼 순 없다고 해도 적어도 시도는 해보고 싶거든요.

혼자 하는 법을 배우고 싶어요

난 엄마처럼 빨리 이를 닦거나 양말을 신을 수 없어요. 왜냐하면 난 아직 배워 나가는 중이니까요. 뭐든 새로 배우기 시작해서 익숙하지 않을 땐 더딘 법이잖아요. 너무 바쁜 어떤 날은 엄마가 나 대신 이런 일들을 해주기도 하지만, 내가 정말로 원하는 건 뭐든 직접 해보는 거랍니다.

내가 뭔가를 혼자 해보려고 애쓸 때는 엄마가 내 옆에 함께 있어 주세요. 전에 외투 단추를 채워 보려다 결국 실패했을 때처럼 애써 노력은 하는데 뜻대로 잘 되지 않을 때는 진짜 너무 화가 나고 짜증도 많이 난답니다. 그럼 소리를 지르거나 울음을 터뜨리기도 해요.

이럴 때야말로 엄마의 도움이 너무나 필요해요. 나를 바라보며 부드러운 말투로 내 속상한 마음을 어루만져 준 다음, 엄마가 어렸을 때 어떻게 외투 입는 법을 배우게 되었는지 말해 주면서, 차근차근 가르쳐 주세요.

어떤 일들은 엄마의 도움 없이 나 혼자서도 할 수 있을 거예요. 뭔가를 스스로 해내면 진짜 뿌듯한 기분이 들거든요. 그렇지만 아직도 난 엄마의 도움이 많이 필요해요. 어떨 때는 내가 혼자 뭔가를 했더라도 결국엔 엄마가 처음부터 다시 해주셔야만 할 때도 있을 거예요.

하지만 난 아직 내가 할 수 있는 게 무엇이고, 또 할 수 없는 게 무엇인지 잘 구분할 수 없어요. 그렇기 때문에 엄마가 항상 내 옆에서 날 지켜봐 주어야 하는 거랍니다.

🚐 조금만 더 참고 기다려 주세요

승우 형이 문을 열었어요. 그 문은 내가 열고 싶었다고요! 앗, 엄마가 책장을 넘겨 버렸어요. 내가 넘기려고 아까 아까부터 벼르고 있었는데 말예요! 싫어요, 그런 건 내가 할 거예요! 소리라도 마구 질러서 엄마한테 이 사실을 알려야겠어요.

엄마, 마트에서 내가 카트를 밀면 안 되나요? 네? 그건 안 된다고요? 왜죠? 만약 정말 안 되는 거라면 내가 해서는 안 되는 이유가 뭔지 충분히 알아들을 수 있게 차근차근 설명해 주세요. 그리고 그것 대신 내가 할 수 있는 다른 일들로 엄마를 도울 수 있게 해주시는 거예요. 과자를 집어 들거나 양말을 집어 엄마에게 건네주는 건 나도 할 수 있는 거 맞죠?

민영이네 세발자전거를 타려고 여러 번 시도해 봤지만, 자전거가 내겐 아직 너무 큰가 봐요. 아직도 내가 하기에는 벅차고 힘든 일들이 참 많아요. 나 같은 세 살짜리가 화나고 짜증날 때 할 수 있는 거라곤 귀청이 떨어지도록 고래고래 소리를 지르거나, 때론 뒹굴면서 떼를 쓰는 것뿐이죠.

하지만 그렇게 화가 나고 짜증스럽다고 해도 난 또다시 시도해 볼 거예요. 왜냐하면 해보지 않으면 내가 할 수 있는 일인지 아닌지를 알 수가 없으니까요. 엄마도 내가 뭔가를 계속 배워 나가기를 원하시는 거 맞죠?

혼자 뭔가를 열심히 하고 난 후엔 휴식이 좀 필요해요. 엄마한테 산책 나가자고 조르기도 하고, 옛날처럼 엄마한테 다 해달라고 투정을 부리거나 또는 맛있는 간식을 달라고 할래요.

엄마도 엄마 일을 도와줄 누군가가 있다면 기분이 어떨 것 같아요? 그거 진짜 기분 좋고 안심이 되잖아요. 어쩐지 든든하기도 하고요. 스스로 뭔가를 하는 것도 좋지만, 믿을 수 있는 누군가가 가까이에 있는 건 더 좋답니다.

🌰 난 정말 엄마를 돕고 싶어요

엄마가 빨래를 개고 있네요. 보송보송하게 마른 빨래에서는 좋은 냄새가 나요. 내가 도와줄까요, 엄마? 나도 양말이랑 속옷을 따로 골라내는 것쯤은 할 수 있을 것 같아요. 빨래는 중요한 일이라고 생각해요. 그리고 난 엄마를 도와 그런 중요한 일을 할 수 있다는 게 뿌듯하고 기분이 참 좋아요.

하지만 엄마는 대부분 이렇게 말하죠. "고맙지만 지금 당장은 네 도움이 필요 없구나. 가서 장난감 기차랑 노는 게 어떠니?"라고요. 난 엄마의 진짜 속마음을 알아요. 엄마가 그러는 건 내가 귀찮기 때문이지요? 내가 옆에서 도우면 엄마 혼자 할 때보다 시간도 훨씬 더 많이 걸리잖아요. 또 때때로 내가 걸리적거리며 방해가 되는 바람에 엄마 일을 제대로 끝내지 못할 때도 많으니까요.

쳇, 알았어요. 난 저 구석에 가서 기차나 갖고 놀게요. 하지만 엄마, 이것만은 꼭 알아 두세요. 내가 학교에 다니는 큰 형아들처럼 자라서 뭐든 척척 도울 수 있을 정도가 되면, 그땐 엄마를 돕고 싶은 마음이 지금처럼 간절하지 않을지도 몰라요. 아주 작은 심부름 조차도 귀찮아하며 이리저리 꾀를 부리려 할지도 모르죠.

그러니까 엄마를 못 견디게 돕고 싶은 마음이 간절한 지금부터 엄마를 도울 수 있는 기회를 주시면 안 될까요? 부탁이에요.

🌿 무시하지 말고 도울 수 있게 용기를 북돋아 주세요

"아니, 괜찮아."라는 말 대신 "네가 도와주니까 정말 좋구나."라는 말을 듣고 싶어요. 어른들이 하는 일들은 나 같은 꼬마가 보기에 모두 다 중요하고 대단한 것들처럼 보이거든요. 그래서 그런 일을 도울 때면 마치 내가 중요한 사람이 된 것 같아요.

엄마, 내가 먼지 터는 걸 도와줄 때, 먼지가 왜 생기는지 말해 주세요. 그리고 왜 먼지 청소를 해야 하는지에 대해서도 얘기해 주세요. 또 나만의 먼지떨이를 준비해 주는 건 어때요? 일을 끝내면 고맙다고 말해 준 다음 내가 세상에서 제일가는 먼지떨이꾼이라고 말해 주시는 거예요. 그럼 정말 기분이 좋아 훨훨 날아갈 것 같을 거예요.

그렇다고 매일 집안 먼지 터는 걸 나 혼자 하라고 하지는 말아 주세요. 난 아직도 여전히 배우는 중이라서 엄마가 옆에 함께해 줄 때만 제대로 할 수 있으니까요.

그리고 엄마를 도와줄지 말지는 내가 결정할래요. 어떤 날은 먼지 터는 일을 돕기에는 더 중요한 다른 일들 때문에 바쁠 수도 있거든요. 난 말이죠, 블록들로 높은 탑들도 쌓아야 하고요, 그림책도 봐야 하고요, 또 식탁 밑에 들어가서 곰돌이랑 함께 기차 놀이도 해야 한답니다.

서툴고 실수해도 해볼 수 있는 기회를 많이 주세요

하루 종일 먹이고, 기저귀 갈아 주고, 팔에 안아 흔들며 달래 주어야만 했던 의존적인 아기가 이제 엄마 팔에서 벗어나 혼자 해보고 싶어 하고, 심지어 엄마를 돕겠다고 나서기도 합니다.

아직은 혼자 뭔가를 시도해 보려 하면 작은 사고를 동반하는 경우가 허다하지만, 그래도 언제 저렇게 자랐는지 대견한 마음도 드는 게 사실입니다. 아이는 아직 미숙하고 실수투성이지만, 인내심을 갖고 아이 능력으로 감당할 수 있는 일들을 중심으로 스스로 해볼 기회를 주세요. 비록 작은 것이라도 성공 경험이 쌓이면 아이가 건강한 자존감을 키워가는 데 큰 도움이 된답니다.

나한테도 선택할 기회를 주세요

아기였을 땐 엄마가 나에 관한
모든 결정을 내렸죠. 하지만 이제
난 스스로 생각하는 법을 배워가고 있어요.
뭘 할지, 뭘 입을지, 또 뭘 먹을지에 대해
나도 나름대로 생각이 있다고요.

아~ 됐고!

엄마,
이거어……

엄마는 내가 무언가 결정을 내릴 수 있기엔 아직 너무 어리다고 생각하는 것 같아요. 엄마도 생각을 많이 하겠지만, 나도 생각을 많이 한답니다. 다만, 문제는 불행히도 엄마랑 내가 언제나 똑같은 생각을 하지 않는다는 거죠.

오늘 내가 한 생각은 소파에서 깡충깡충 뛰면서 놀고, 마트에 갈 땐 내가 제일 좋아하는 곰돌이가 그려진 반팔 티셔츠를 입고, 주차장에서는 엄마 손을 잡지 않고 혼자 우리 차까지 뛰어가는 거였어요. 또 점심밥 대신에 딸기 아이스크림이 먹고 싶었죠.

물론 엄마는 안 된다고 말했지만, 난 꼭 해보고 싶었기 때문에 고집을 부렸어요. 결국엔 나보다 키도 크고 힘도 훨씬 센 엄마의 뜻대로 되고 말았지만요. 대신 난 소리 지르고 울면서 데굴데굴 굴러 엄마에게 불만을 표시했어요.

엄마, 왜 항상 나는 엄마가 원하는 대로만 따라야 하죠? 왜 가끔은 내가 원하는 대로 하면 안 되는 거예요? 하루 종일 안 된다는 말을 들을 때는 마치 내 자신이 쓸모없는 존재가 된 것처럼 느껴져요.

엄마가 나를 대신해서 선택을 하는 건 그게 더 쉽기 때문이지요? 하지만 쉬운 게 항상 최선은 아니잖아요? 혹시 엄마는 내가 독립심을 갖게 되길 바라지 않는 건가요? 그럼 영원히 나를 대신해서 선택을 해주시려는 거예요?

내 선택에 "그래!"라고 말해 주세요

싫어요! 그 바지랑 스웨터는 입지 않을래요. 이 빨간 셔츠를 입을 거란 말예요. 며칠 동안 입어서 더러워졌다고요? 또 너무 얇아서 안 된다고요? 세탁기 안에 들어 있어도 상관없고요, 바깥 날씨가 좀 추운 것도 괜찮아요. 난 꼭 그걸 입고 말 거예요!

엄마, 난 이제 세 살이에요. 더 이상 아기가 아니랍니다. 뭘 입을지는 스스로 결정할 수 있게 도와주세요. 아기였을 땐 내가 입는 것에 대해 별로 신경 쓰지 않았어요. 엄마가 원하는 대로 알아서 입혀 주었죠. 하지만 지금의 난 달라요. 이제 난 내가 원하는 옷을 골라서 입고 싶다고요. 나도 나만의 스타일을 찾을 권리가 있으니까요.

엄만 내가 열심히 생각한 것들에 대해 너무 빨리 "안 돼!"라고 대답해 버려요. 마트에 내가 좋아하는 빨간 셔츠를 입고 갈 때 벌어질 수 있는 가장 나쁜 상황이란 무얼까요? 세탁이 안 된 더러운 옷을 입는다거나, 바깥 날씨에 비해 옷이 약간 얇다는 거잖아요. 추워서 감기라도 걸릴까 봐 그러시나요? 내가 뭘 입는지가 왜 그렇게 엄마한테 중요한 건지 정말 모르겠어요.

"안 돼."라고 바로 말하기 전에 엄마가 "오늘은 우리 왕자님이 빨간 셔츠가 입고 싶은가 보네."라고 공감해 주면 좋겠어요. 내가 생각한 것을 엄마도 좋다고 말해 주면 난 기분이 너무 좋거든요.

"안 돼!"라고 말하기 전에 대안을 생각해 주세요

난 하루 종일 온 집안을 기어오르고, 달리고 뛰어다녀요. 왜냐하면 난 내 몸을 움직이는 여러 가지 방법을 연구하고 있는 중이거든요. 그러니까 언제든지 마음껏 움직일 수 있는 공간이 필요해요.

그런데 우리 집엔 '안 돼!'라고 하는 것들만 가득 차 있어요. "소파에서 뛰지 마라.", "테이블에 기어 올라가지 마라.", "거실에서 뛰지 마라." 등등 말예요. 하지만 난 뛰고 싶어요. 아니, 뛰어야만 해요. 소파에서 뛸 수 없다면 그럼 난 어디에서 뛰어야 하는데요?

엄마가 내 방 침대에서 뛰어도 좋다고 하면, 소파에서 뛰지 않을 거예요. 몸을 사용해 놀 수 있는 장난감을 주는 것도 좋아요. 흔들이 목마, 미끄럼틀 그리고 짐볼 같은 거 말이에요. 그리고 마음껏 놀 수 있는 공간도 마련해 주세요. 신경 쓰지 않고 몸을 움직일 수 있도록 깨지거나 망가지기 쉬운 물건들은 미리미리 치워 두시면 더욱 좋고요.

부드럽지만, 단호해야 할 땐 흔들리지 말아 주세요

하루 종일 싸우고, 소리 지르고, 야단맞는 건 정말이지 지치고 화가 나요. 이래라저래라 하는 엄마의 잔소리와 함께 "안 돼!"라는 말을 듣다 보면, 난 원하는 걸 하기 위해 소리를 지르거나 더욱 심하게 떼를 써야 해요. 나도 이제 "싫어!"라고 할 수 있으니까 엄마의 모든 요구에 대해 강력하게 "싫어, 안 해!"라고 반항할지도 몰라요.

"이제 낮잠 잘 시간이다."라고 말하는 것보다 "우리 곰 인형을 찾아보자꾸나. 그리고 함께 곰 인형을 코~ 재워주는 거야."라고 말해줄 때, 내가 엄마의 말을 잘 들을 가능성이 더 크다는 걸 혹시 알고 계시나요?

사실 아직 난 너무 어려서 모든 일을 내 맘대로 하고 싶더라도 현명한 결정을 내릴 준비가 되어 있지 않답니다. 하지만 무조건 안 된다고만 한다면 그 말은 내 반항심만 부추길 뿐, 엄마 말을 따르게하는 데는 별로 도움이 되지 않아요.

아무리 그렇더라도 약을 먹어야 하거나, 병원에 가야 하거나, 자동차의 카시트에 앉아야 하는 것과 같은 중요한 일에 대해서는 단호한 태도를 취해 주셔야 해요. 왜냐하면 엄마는 날 보호해 주어야하는 존재니까요.

그럼 난 세상엔 절대 협상할 수 없는 일들이 있다는 걸 배우게될 거예요. 내가 무모하게 위험한 사다리 같은 데를 올라가려 한다면 당장 나를 멈추게 하셔야 해요. 떨어져서 크게 다칠 수도 있거든요. 그리고 얼른 내 눈에 띄지 않는 곳으로 사다리를 치워 버려야하는 것도 잊지 마세요.

하지만 어떤 색의 옷을 입을 거라든지, 엘리베이터 버튼을 내가누르겠다고 조르는 일이라든지, 저녁에 감자 요리를 먹겠다는 것과 같은 일은 전혀 다르답니다. 비록 세 살 꼬맹이지만, 나도 내 맘대로 할 수 있는 일이 몇 가지쯤 있어야 하지 않겠어요? 엄마는 내가 하루가 다르게 무럭무럭 자라고 있는 게 보이지 않나요?

고집이나 반항은 아이의 자아가 성장하고 있다는 신호입니다

아기 땐 엄마가 우주복을 입혀 주는 대로, 노란색 옷이든 빨간색 옷이든 얌전히 따르더니, 어느 날부터인가 아이가 고집을 부리기 시작합니다. 좋고 싫은 것에 대한 구분이 점점 더 뚜렷해지고, 자기 뜻대로 하기 위해 고집을 부리거나 반항을 하지요.

아이나 다른 사람의 안전을 위협하는 문제가 아니라면, 아이가 결정할 수 있도록 아이의 뜻을 존중해 주세요. 작은 선택부터 시작해 선택의 결과에는 책임이 따른다는 걸 배워가는 것은 매우 중요합니다. 훗날 복잡하고 중요한 판단을 내리는 데 필요한 의사결정력을 키우는 밑거름이 될 수도 있답니다.

난 이제 가만히 있을 수 없어요

싫어 싫어! 카시트에만
얌전히 앉아 있으라고요?
하지만 난 몸이 비비 꼬일 것 같아요.
제발 나 좀 빼내 주세요.
난 뛰고 달리고 기어오르고
싶어요!

버둥

버둥

버둥

버둥

바깥세상은 진짜 굉장해요. 밖에 나가면 내 맘대로 움직이며 뛰어놀 수 있은 곳이 아주 많아서 참 좋아요. 그런데 반대로 제대로 움직이기도 어려운 답답한 공간에만 갇혀 있다 보면 나도 모르게 말썽을 일으키게 되는 것 같아요.

엄마, 난 아주 짧은 몇 분 동안만 겨우 가만히 앉아 있을 수 있답니다. 그래서 가만히 있어야 하는 시간이 길어질수록 나도 모르게 자꾸 문제를 일으키게 돼요. 충분히 움직일 수 있는 공간이 주어지고, 또 갖고 놀 것도 많으면, 말썽피우지 않고 얌전히 앉아서 한동안 놀이에 집중할 수 있답니다.

무조건 얌전히 있으라고 하지 말아 주세요

활동 영역이 넓어지면서 요즘 주변의 것들에 대해 탐색하고 배우느라 난 매우 바쁜 나날을 보내고 있답니다. 그리고 내 몸이 어떻게 움직이는지에 대해서도 배우고 있는 중이죠. 팔, 다리, 머리 할 것 없이 내 온몸을 총동원해서 말예요.

비가 오거나 날씨가 너무 추워서 엄마랑 밖에 나가 놀 수 없는 날은 짜증나고 화가 나서 도무지 어떻게 해야 좋을지 모르겠어요. 밖에 너무나 나가고 싶은 나머지 방문을 세게 밀치기도 한답니다. 수영장이나 실내 놀이터 같은 데라도 데려가 주시면 안 될까요? 공을 가지고 놀 수 있다면 더 좋아요. 엄마, 제발 놀러 나가요, 네?

🚗 집에서도 몸을 움직이며 놀고 싶어요

집안에서 놀아야 할 때는 내가 맘껏 놀 수 있는 공간을 만들어 주면 참 좋을 것 같아요. 탁자를 조금만 옮기면 엄마랑 데굴데굴 구르고 춤추면서 놀 수 있는 공간이 생길 것도 같은데……. 내 친구 준이네 집에는 농구대도 있고 미끄럼틀도 있어요. 그리고 준이 엄마는 침대에서 우리가 뛰어 놀아도 된다고 하세요.

준이네 엄마가 그러는데, 준이네 집에서 유일하게 마음껏 뛰면서 놀 수 있는 장소는 준이 침대뿐이라고 규칙을 정했대요. 그리고 한 번에 한 사람씩 차례로 뛰어야 하는 것도 규칙이라고 하셨어요. 아, 또 있다! 꼭 준이 엄마나 다른 어른이 우리가 혹시 다치지 않도록 곁에서 지켜볼 수 있을 때만 뛸 수 있다고 하셨죠. 준이와 나는 침대 위에서 펄쩍펄쩍 뛰면서 정말 즐거운 시간을 보냈답니다. 기분 좋게 마음껏 움직일 수 있을 땐 정말 기분이 날아갈 것처럼 신 나거든요.

🚜 안전이란 게 무슨 뜻이에요?

엄마는 자동차를 탈 때, 내가 안전하려면 카시트에 얌전히 있어야 한다고 해요. 안전하다는 건 혹시 불편한 거고, 또 꼼짝 않고 움직일 수 없다는 뜻인가요? 만약 그렇다면 잘은 모르겠지만, 안전이란 건 되게 재미없는 건가 봐요.

엄마, 날 위해 카시트의 안전함을 시험할 수 있는 놀이를 해보면 어떨까요? 집에 카시트를 가져와서 아기곰 인형을 앉힌 다음 벨트를 매주고, 그런 다음 카시트가 아기곰 인형이 떨어지거나 다치는 걸 어떻게 보호해 주는지 보여주는 거예요.

안전은 위험으로부터 나를 보호해 주는 거라는 걸 알려주세요. 앗, 그런데 엄마는 카시트가 없네요. 그럼 엄마의 안전은 무엇이 지켜 주나요? 아하! 어른들은 카시트 대신 안전벨트가 위험으로부터 보호해 주는군요. 내가 좀 더 크면 엄마처럼 안전벨트를 사용하게 될 거라는 것도 알려주세요.

차가 출발하기 전에 어른은 안전벨트를 매고, 나는 카시트에 앉아 벨트를 매는 게 규칙이란 것도 말해 주세요. 그렇게 해야 하는 이유는 사랑하는 우리 가족 중 어느 누구도 다치는 걸 원치 않기 때문이라는 것도요.

우리 가족이 차를 타고 어딘가로 가야 할 때는 모두 안전벨트를 맸는지 확인하도록 해요. 확인하는 일을 내가 하면 안 될까요? 시켜주면 기꺼이 신 나게 할 수 있을 것 같아요. 자, 모두 벨트 매셨나요? 그럼 출발!

🐿 아무리 그래도 카시트는 여전히 답답해요

안전이란 게 어떤 것인지 배운 후에도 난 여전히 카시트가 싫다고 거부할지도 몰라요. 사실 카시트는 진짜 답답하거든요. 이런 규칙은 매번 꼭 지켜야 하는 건가요?

내가 만약 카시트에 앉지 않겠다고 고집을 부리면, 스스로 카시트에 앉을지 아니면 엄마가 억지로 앉혀 줘야 하는지를 선택할 수 있게 해주세요. 그리고 약간의 시간을 주고 기다려 주는 거예요.

아니면 내 관심을 카시트가 아닌 다른 데로 돌리는 건 어떨까요? 우리가 지금 어디로 가는지, 또 거기 가서 무엇을 할 것인지에 대해 즐겁게 이야기하다 보면, 어느새 카시트가 싫다는 생각 따윈 잊어버릴 때가 있답니다.

'카시트에 타는 건 정말 싫어!'라는 생각이 내 머릿속을 계속 맴돌고 있지만 않아도 카시트에 앉는 게 훨씬 쉬워져요. 또는 카시트에 앉아서 가는 걸 편안하게 느낄 수 있으면 더 좋고요. 사실 난 아주 아기 때부터 카시트를 써왔잖아요.

🚗 지루해지면 발버둥치며 움직이고 싶어져요

차 안에 있는 게 점점 지루해지거나 힘들다고 느끼면 난 카시트를 잡고선 좌우로 마구 흔들거나 발버둥을 치게 돼요. '꽥꽥' 소리를 지를지도 몰라요. 그럴 땐 내 손이 닿는 곳에 좋아하는 장난감을 놓아주세요. 아니면 내가 귀를 쫑긋 세울 수 있는 노래를 들을 수 있게 해줘도 좋을 것 같아요. 또 엄마랑 게임하는 것도 좋고요. '누가 빨간색 차를 많이 찾나'와 같은 게임을 해보는 건 어때요?

나 같은 세 살짜리는 오랜 시간 꼼짝하지 않고 앉아 있는 게 정말 힘들어요. 만약 오랜 시간 차를 타고 가야 한다면 잠깐이라도 중간에 차를 세워서 내가 바깥 공기도 마시며 뛰어다닐 수 있게 해주세요. 시골 할머니네 집에 가는 길이라면 잠시 휴게소에서 쉬었다 가는 건 어떨까요? 할머니 집은 정말이지 너무 멀어요.

아이는 더 넓은 세상을 향한 첫발을 내딛기 시작했습니다

어쩌다 잠시 한눈만 팔아도 깜짝깜짝 놀랄 만한 말썽이 벌어지고 있나요? 이제 아이는 힘차게 몸을 움직여 세상과 직접 부딪쳐 보며 성장하는 단계에 이르렀습니다. 그렇기 때문에 한시도 가만히 있지 못하고 움직여야 한답니다.

문제는 아직 자기 안전을 지키기 위해 주의를 기울일 만큼 성숙하지 못해 어른의 세심한 보호가 필요하다는 것입니다. 활동적인 성향이 이 연령대의 자연스러운 발달 과정인 만큼 뜻대로 움직일 수 없을 때의 답답한 마음을 아이 입장에서 공감해 주세요. 그리고 엄마 아빠의 보호 아래 조금씩 성숙해갈 수 있도록 도와주세요.

나도 모르게 위험에 처하곤 해요

엄마, 왜 그렇게 놀라세요?
난 그저 엄마처럼 사과를 깎고 싶었을
뿐이에요. 칼에 손이 벨 수 있다는
생각은 전혀 하지 못했다고요.

화들짝!

기겁

완전 무방비

천진
난만

난 날마다 엄마가 뭘 어떻게 하는지 유심히 지켜보고 있답니다. 나도 엄마처럼 똑같이 해보고 싶거든요. 그렇게 하려면 엄마가 어떻게 하는지 잘 살펴봐야 해요.

엄마처럼 수화기를 들고 번호를 눌러 볼래요. 화장하는 엄마가 눈에 화장품을 바르는 것처럼 나도 따라서 얼굴에 색칠을 해보면 어떨까요? 크림도 발라보고 엄마처럼 얼굴을 두드릴 거예요.

나는 요즘 내 주변을 둘러싸고 있는 모든 것들을 배우고 싶어서 온몸이 근질근질하답니다. 그러다 보니 손에 닿는 모든 것들을 맛보기도 하고 만지기도 하면서 탐색해 보게 된답니다.

내가 바닥을 엉금엉금 기어다니는 아기였을 때 엄마는 내가 계단을 내려가지 못하게 문을 달아 놓았죠. 내 손이 닿지 않는 곳으로 화분을 치우기도 했고요. 그리고 중요한 물건이 들어 있는 서랍은 열리지 않도록 다 잠가 놨잖아요. 엄마가 그렇게 한 건 다칠 수도 있는 상황으로부터 날 보호해 주기 위해서였잖아요.

엄마, 이제 난 더 높은 데를 기어오를 수도 있고, 또 달릴 수도 있게 되었어요. 그러니까 옛날보다 더더욱 신경 써서 날 보호해 주어야 한답니다. 난 아직 뭐가 위험한지 잘 모르지만, 호기심과 충동심은 주체할 수 없을 정도로 넘쳐나거든요. 그저 뭐든 다 몸으로 부딪쳐 보며 해보고 싶은 마음뿐이랍니다.

🚂 날 다치게 할 수 있는 물건들은 멀리 치워 주세요

제발 날 다치게 할 수도 있는 것들은 안 보이는 곳으로 치워 주세요. 따로 치워 놓지 않은 것들은 마음껏 내 호기심을 충족시켜 봐도 될 만큼 안전한 것들이란 뜻이겠죠? 어떤 게 위험하고 또 어떤 게 안전한지 판단할 수 있을 만큼 난 아직 경험이나 지식이 충분하지 않거든요.

내가 막 아빠의 라이터를 만지려는데 엄마가 "윤지야, 절대 라이터는 만지지 말라고 했잖니!"라고 말씀하시네요. 하지만 나는 흥미로워 보이는 게 있으면 그게 뭔지 알고 싶어져요. 내 호기심은 너무나 강렬해서 그 순간 엄마가 예전에 안 된다고 하셨던 말씀이 잘 기억나지 않거든요. 혹시 네 살이 되면 지금보다 기억력이 조금은 더 좋아질까요?

🚙 '위험'이 무엇인지 가르쳐 주세요

지금 난 어디든 기어 올라갈 수 있기 때문에 거의 모든 것에 손이 닿아요. 욕실에 있는 둥근 의자나 부엌에 있는 의자를 끌어오면 그걸 밟고 더 높은 곳으로 올라갈 수 있다는 사실도 알게 되었어요. 그렇게 하면 엄마가 냉장고 맨 꼭대기에 숨겨둔 맛있는 과자를 꺼낼 수도 있답니다. 어때요, 나 정말 똑똑하죠?

엄만 그러고 있는 날 보면 "안 돼!"라고 소리치곤 곧장 달려와서 날 끌어내리죠. 하지만 그럴 땐 '안 돼'라고 말하는 대신 "위험해!"라고 말하는 게 더 좋을 것 같아요.

하루 종일 '안 돼'라는 말만 듣다 보면 너무 속상하고 화가 나요. "안 돼! 물 뿌리지 마라.", "안 돼! 지금은 과자를 먹으면 안 된다.", "안 돼! 소파에서 뛰지 마라." 등등처럼 말이죠. 어떤 상황에서는 '안 돼'라는 말 대신 다른 말을 찾아서 해주면 정말 좋을 텐데요. 꼭 필요한 경우를 대비해 '안 돼'라는 말은 우리 아껴 둬요.

엄마, 뜨겁고 날카로운 것들에 대해서도 알려주세요. 그런 것들은 만지면 다칠 수 있다는 것도 말예요. 엄마가 칼을 사용할 땐, "이건 장난감이 아니란다. 엄마도 이걸 사용할 때는 매우 조심하지. 그렇게 조심해야 다치지 않거든. 이건 위험한 물건이라서 엄마 같은 어른들만 쓸 수 있는 거야."라고 말해 주세요.

또 식탁에 올라가면 위험할 수 있다는 것도 알려주세요. 우선 날 식탁에서 내려오게 한 다음 거기에 올라가다 떨어지면 크게 다칠 수도 있다는 걸 가르쳐 주는 거예요. 그리고 식탁 대신 내가 올라가도 위험하지 않은 곳을 알려주면 좋겠어요.

주차장이나 건널목에서 엄마의 손을 잡기 싫다고 하면 이렇게 말해 주세요. 차 안에 있는 사람들은 나처럼 조그만 어린아이들이 잘 보이지 않기 때문에 항상 어른들의 손을 잡고 걸어가는 게 안전하다고 말예요. 이런! 난 그런 건 미처 몰랐어요. 이제부터 엄마의 손을 꼭 잡고 걸어가거나, 아니면 엄마한테 안겨서 가야겠어요.

엄마한테 난 너무너무 소중한 존재이기 때문에 나한테 그 어떤 나쁜 일도 일어나길 바라지 않는다고도 말해 주세요. 또 나 같은 아이뿐만 아니라 어른들도 항상 안전에 유의해야 한다는 것도 가르쳐 주고요. 길을 건너기 전에 엄마가 어떻게 멈추고 좌우를 살피는지 먼저 모범을 보여주면 더 좋겠어요.

그리고 차를 탈 때는 안전벨트를 어떻게 사용하는지도 보여주세요. 그럼 나는 엄마를 따라 하게 될 거예요. 왜냐하면 엄마는 내가 세상에서 제일 좋아하는 사람이기 때문에 엄마가 하는 건 뭐든 따라 하고 싶으니까요.

🌸 아직은 나를 주시하며 다칠 때를 대비해 주세요

엄마가 안전에 대해 열심히 가르쳐 주었더라도 난 쉽게 위험에 처하고 또 다칠 수 있어요. 그러니 아무리 짧은 시간이라도 날 혼자 내버려두는 건 위험해요.

요즘 난 예전에 비해 굉장히 빨리 움직일 수 있게 되었어요. 그래서 엄마가 미처 알아차리기 전에 큰 위험에 빠져 버릴 수도 있답니다. 정말 큰 문제는요, 난 아직 위험한 상황에 놓여도 상황 판단이 늦어서 그걸 제대로 깨닫지 못한다는 거예요.

그러니까 내가 진짜 다치게 되면 어떻게 해야 하는지 잘 알고 있는 엄마가 항상 곁에 있어 주어야 해요. 내가 다치기라도 하면 엄마는 나를 도울 수 있는 구급상자와 응급 전화번호를 가지고 있다는 것을 보여주세요.

엄마, 우리 같이 의사선생님 놀이해요. 난 다친 사람이 되어 보고, 엄만 날 낫게 해주는 사람이 되는 거예요. 엄마가 내 상처를 어떻게 치료해 주는지 보여주세요. 난 엄마로부터 세상에 대해 거의 모든 걸 배우고 있으니까요.

안전과 호기심의 균형을 잡아주는 양육 태도가 필요합니다

물가에 아이만 홀로 내놓은 듯 불안한 부모의 심정을 뼈저리게 느끼게 되는 시기입니다. 아이는 신체 활동이 왕성해지고, 끊임없는 호기심 탓에 이것저것 시도해 보려 할 겁니다. 하지만 아직 미숙해서 움직이는 곳마다 크고 작은 말썽과 사고가 끊이질 않지요.

아이의 호기심 가득한 시도는 적극 격려해 주어야 하지만, 그렇다고 안전을 위협하는 행동을 내버려둘 수도 없는 노릇입니다. 우선 집안부터 최대한 아이가 마음껏 안전하게 활동할 수 있도록 만들어 주어야 합니다. 또 하나, 아이가 위험에 처하게 되면 곧바로 달려가 구해 줄 수 있는 엄마의 손길이 필요한 때라는 걸 잊지 마세요.

다섯 번째 에피소드

말 배우는 건 힘들지만, 참 재미있어요

엄만 나보다 훨씬 말을 잘 해요.
하긴…… 엄마한텐
쉬운 일인지도 모르죠.
엄만 엄청 똑똑하니까요.

개

……

엄마, 말 배우는 건 참 힘든 일인 것 같아요.

하늘을 날아가는 '새'를 봤어요. 새를 가리키며 그림책에서 봤다고 엄마한테 자랑하고 싶었죠. 그런데 정작 난 '새'가 아니라 '태'나 '때' 또는 '개'처럼 들리게 말해 버리고만 거예요.

또 난 엄마한테 "물 주세요."라는 말을 한 건데, "무우구⋯⋯."라고 들으셨나 봐요. 엄만 그냥 나를 보고 미소를 짓고는 계속 저녁 준비만 하셨으니까요. 엄마, 내 말 아직 못 들으셨나요? "무우 구!"라고 말하고 있잖아요.

하던 일을 잠시 멈추고 내 말에 귀기울여 주세요

난 엄마한테 말하고 싶은 게 너무너무 많은데, 엄만 듣는 데는 별로 소질이 없나 봐요. 내가 끝까지 말하기도 전에 엄마가 먼저 내 말을 대신해 버리잖아요. 또 어떤 때는 아무 말 없이 잠시 나를 쳐다보고는 미소만 짓곤 그냥 가 버리세요.

하지만 엄마, 자꾸 말하면서 대화해 볼 기회를 갖지 못하면 어떻게 말을 배울 수 있겠어요? 내가 뭔가 얘기하면 엄마가 나한테 가까이 다가와서 내 눈을 쳐다보면서 귀기울여 들어준 다음 이야기해 주면 좋겠어요.

필요한 말을 덧붙이되, 일일이 고쳐 줄 필요는 없어요

난 할 수 있는 한 최선을 다하고 있는 거예요. 그런데 엄마는 "이런, 아니지. 틀렸어. '하미'가 아니라 '할머니'란다. 자, 따라 해봐. '할', '머', '니' 알았지?"라고 내가 말한 걸 일일이 고쳐주잖아요. 그러면서 나보고 엄마 따라서 다시 말을 해보라고 할 때는 정말이지 너무너무 싫어요.

그럴 땐 내 말을 지적해서 고쳐주는 대신, "그래, 우리 민영이 할머니가 보고 싶은 게로구나. 엄마도 할머니가 무척 보고 싶어."라고 말해 주세요. 난 정확한 표현을 들을 필요가 있거든요. 이렇게 하면 내 기분을 망치지 않고도 정확한 표현을 배울 수 있어요.

함께 나누는 많은 얘기들 속에서 난 배우고 성장해요

말을 하기 전까지는 계속 듣는 게 일이었죠. 난 주로 엄마랑 대부분의 시간을 보내잖아요. 엄마가 하고 있는 일에 대해서 나한테 말해 줄 때가 참 좋아요. 같이 듣고, 보고, 또 냄새도 맡고, 만져보고 할 때 가장 잘 배울 수 있거든요.

함께 음식을 만들 때면, 난 새로운 단어들을 아주 많이 배울 수 있어요. 그때 엄만 "지금은 반죽을 섞고 있는 중이란다."라고 말한 다음 나도 직접 해볼 수 있게 해주었어요. 컵에 설탕을 맨 위까지 채울 수 있게 해준 다음, 내 손에도 살짝 설탕을 뿌려 설탕의 맛이 어떤지 맛보게 해주었잖아요. 맛이 참 달콤했어요.

말을 배울 수 있는 또 다른 방법은 책을 읽는 거예요. 요즘 들어 곰이랑 코끼리가 나오는 이야기들이 좋아졌어요. 특히 동물 사진이 많이 나와 있는 책이 정말 재미있어요. 엄마가 책을 읽어주는 소리도 참 듣기 좋아요. 책 속의 이야기를 들으면 새로운 말들이 나와도 쉽게 이해가 되거든요.

엄마, 동물 책 또 읽어주세요! 난 이제 동물의 이름들을 제법 많이 알고 있답니다. 나한테 이 동물들의 이름이 뭔지 물어봐 줄 거죠?

아이의 서툰 표현을 일일이 지적해서 용기를 꺾지 마세요

개인 차는 있지만, 이제 아이는 어휘력이나 표현력이 빠르게 성장해 갑니다. 물론 아직은 많이 서툰 게 사실이죠. 이때 부모는 틀린 표현을 바로 교정해 줘야 한다는 의무감을 느낄 수 있습니다. 말로 생각이나 필요를 표현하게 된 아이가 신기하고 대견하지만, 엄마의 기대와 바람은 거기에 만족할 수 없으니까요.

하지만 일일이 교정해 주는 행동이 반복될수록 아이는 말할 때마다 눈치를 살피며 위축됩니다. 그러면 말을 잘 하지 않으려 한답니다. 지적보다는 격려가 필요하지만, 바른 표현이 뭔지는 알려주세요. 물을 '무'라고 했다면, "그래, 목마르구나. 엄마가 물 줄게."라고 자연스럽게 알려주는 과정이 반복되면 스스로 깨우쳐갈 것입니다. 이때는 억지로 말을 시키기보다 아이의 말에 귀기울여 반응해 주는 것이 제일 중요하답니다.

원하는 걸 예쁘게 말하는 법을
배우는 중이에요

엄마, 과자 먹고 싶어요.
과자, 과자요!
주세요……. 네~에~?

초 롱

초 롱

반짝

반짝

말을 할 수 있다는 건 참 멋진 일 같아

요. 내가 빨간 자동차를 갖고 싶다고 말하니까 놀이방 민호가 그걸 나한테 주지 뭐예요. 전에는 갖고 싶은 게 있으면, 원하는 걸 무턱대고 손에 움켜쥐려고만 했어요. 물론 그렇다고 다른 애가 나한테 언제나 순순히 양보하는 건 아니었지만요. 하지만 이젠 달라졌어요. 난 원하는 걸 말로 이야기할 수 있게 되었거든요. 어때요, 대단하죠?

처음엔 그냥 "까까~", "무우~", "맘마~"라고 말하는 것으로 내가 원하는 걸 엄마한테 알리기 시작했어요. 하지만 지금은 두세 단어 정도는 거뜬히 합쳐 사용해서 내가 뭘 원하는지 엄마한테 말할 수 있답니다.

그런데 엄마에게 과자를 달라고 말할 때마다 "주세요."라는 말을 덧붙여야 하는 이유는 뭔가요?

예의 바른 말을 알려주되, 강요는 말아 주세요

엄마, 예쁘게 말할 수 있게 도와주는 특별한 말들이 있다는 걸 알려주세요. 아마 엄마도 내가 "엄마, 과자 주세요."라고 말하는 게 훨씬 듣기 좋을 거예요. 엄마가 과자를 주면 "고맙습니다."라고 말해야 한다는 것도 알려주세요. 이렇게 예쁘고 예의 바른 말들은 다른 사람들의 기분도 좋게 만들어줄 뿐만 아니라, 내 자신의 기분도 최고로 만들어 준다는 걸 꼭 가르쳐 주세요.

앗, 엄마! 지금 내가 예쁘게 "과자 좀 주세요."라고 하지 않고 "더 줘!"라고 말했다고 과자 안 주실 건가요? "부탁합니다."나 "고맙습니다." 같은 말을 일부러 빼먹는 게 아니에요. 그냥 잠시 잊어버린 것 뿐이에요. 엄만 내가 불과 몇 개월 전까지만 해도 말도 제대로 할 줄 몰랐다는 걸 잊으셨나 봐요.

말을 사용하는 게 멋지긴 하지만 절대 쉬운 건 아니에요. 예쁘게 말하지 않으면 과자를 줄 수 없다고 엄마가 말했을 때 난 무척이나 화가 났어요. 이렇게 말하는 건 좋고, 저렇게 말하는 건 나쁘다고 엄마가 시시콜콜 지적해 줄 때마다 이상하게도 불끈 화가 난답니다. 난 이제 겨우 세 살이라고요!

엄마, 잘못했을 때 지적하고 야단치기보다는 내가 예쁜 말을 썼을 때 "우리 딸이 그런 예쁜 말을 기억하고 있다니 정말 대견하구나."라고 칭찬해 주세요. 내가 너무 좋아하고 사랑하는 엄마한테 칭찬을 받으면 정말 뿌듯하고 신이 나거든요. 그럼 다음에도 또 그런 말을 써야겠다고 생각하게 돼요.

하지만 칭찬해 주셔도 다음번에 또 까먹을지 몰라요. 새로운 걸 완전하게 배우는 데는 원래 시간이 걸리는 법이잖아요. 나도 "주세요."나 "고맙습니다." 같은 예쁜 말들이 너무 멋진 말이라고 생각해요. 그러니까 조금만 더 인내심을 갖고 기다려 주세요.

엄마가 예쁘고 예의 바른 말을 사용해서 모범을 보여 주세요

때때로 나는 엄마의 화난 목소리를 들어요. "당장 장난감 치워라!", "어서 차에 타지 못 해!", "밥 먹으러 오라고 대체 몇 번을 말해야 알아듣겠니!", "너 때문에 정말 미치겠다!" 이렇게 말할 때마다 엄마의 목도 많이 아프겠지만, 내 귀도 참 아프답니다.

엄마가 나한테 그런 식으로 무섭게 말할 때면, 마치 엄마는 힘세고 못된 마녀 같고, 난 아무 힘도 없는 무기력하고 나약한 존재가 된 것 같아요. 난 나약한 사람은 되기 싫어요. 힘세고 강한 사람이 되고 싶답니다. 그래서 난 엄마가 나한테 말하는 방식 그대로 엄마한테 똑같이 말하게 되죠. 바로 엄마가 가르쳐준 그대로 말예요.

멀리서 소리만 지를 때보다는, 나한테 다가와서 내 옆에 앉아 조용하고 나지막한 목소리로 이젠 장난감을 치워야 할 때라고 얘기해 주면 훨씬 좋아요. 그리고 엄마는 동물 인형들을, 나는 장난감 자동차들을 정리하는 거예요. 그럼 우리 둘 다 너무 행복하겠죠?

다른 사람들이 나한테 예쁜 말을 쓰면 기분이 좋아져요. 엄마가 "~해 주겠니?"라거나 "고마워."라고 말해 주면 기분이 참 좋아요. 하지만 난 항상 그런 말을 써야 한다는 걸 자꾸 까먹고 말아요. 만약 엄마가 그런 말들을 자주 해주면 기억하기 훨씬 쉬울 것 같아요. 만약 내가 예의 바른 아이가 되기를 바란다면 엄마도 좋은 말을 쓰고 예의 바르게 행동해 주세요. 그럼 엄마를 따라서 금방 배우고 말 거예요.

오늘 엄마가 어린이집 선생님께 "잘 부탁합니다."라고 말하는 걸 들었어요. 또 우리 집에 놀러온 옆집 아저씨랑 아줌마가 떠나실 땐 배웅하면서 "안녕히 가세요."라고 말씀하셨죠. 세탁물을 가져오신 세탁소 아저씨한테 "고맙습니다."라고도 하셨어요. 그 말을 듣고 선생님이나 아줌마, 아저씨의 기분이 좋아졌나 봐요. 왜냐하면 얼굴에 웃음꽃이 가득했거든요.

그래서 나도 지금 "부탁합니다!", "고맙습니다!" 같은 예쁜 말들을 열심히 배우고 있답니다.

먼저 예의 바른 말과 행동으로 모범을 보여주세요

아이가 말을 하기 시작하면, 한발 더 나아가 예의 바른 표현을 기대하게 됩니다. 예의 바른 언행을 보이길 바란다면 "이럴 땐 '고맙습니다'라고 말하는 거라고 가르쳐 줬잖아. 어서 '고맙습니다'라고 해야지."라고 지적하기보다는 평소 부모님이 말하고 행동할 때 모범을 보여주는 것이 훨씬 더 효과적입니다.

아이는 이제 막 '말로 표현하고 소통하는 세상'에 발을 들여놓았습니다. 조급한 마음으로 서두르지 말고, 평소 언행에 신경 써서 모범을 보여주세요. 그러면 아이는 자기가 가장 좋아하는 엄마 아빠를 긍정적인 역할 모델로 삼아 열심히 따라 할 것이고, 어느덧 좋은 습관이 몸에 밴 아이로 자랄 것입니다.

함께 노는 법을 배워가고 있어요

난 민영이랑 같이 노는 게
좋아요. 민영이랑 난 둘 다
세 살이 되었답니다.

나도 좋아, 좋아!

56

나는 친구 민영이를 만나면 너무 좋아서 펄쩍펄쩍 뛰거나 민영이를 꼭 안아줘요. 가끔은 내가 민영이를 와락 안으면 놀란 민영이가 울어버릴 때도 있어요. 하지만 곧 우린 모래 놀이터로 가서 모래 장난을 하면서 신 나게 논답니다.

민영이의 삽은 파란색이고 내 건 노란색이에요. 며칠 전엔 서로 빨간색 물통을 갖겠다고 다투기도 했지만, 오늘은 사이좋게 놀고 있어요. 난 모래로 산을 만들었죠. 내가 산을 만드는 동안 민영이는 자기 삽으로 구멍을 팠어요. 나도 산을 다 만들고 나면 구멍을 파야겠어요.

엄마, 세 살이 되면서 가끔 다른 아이들과 함께 놀 때 문제가 생기곤 해요. 난 내가 하고 있는 놀이에 너무 깊게 열중한 나머지 다른 친구들이 느끼는 감정 같은 건 배려하지 못하거든요. 다른 친구와 함께 노는 건 아기 때 걷는 걸 처음 배우는 거랑 같다고 생각해요. 서로 부딪칠 때도 많고, 또 잘할 수 있을 때까지 연습도 많이 필요하니까요.

늘 같이 노는 익숙한 친구가 더 편하고 좋아요

공원이나 놀이터 같은 데서 노는 것도 좋아요. 공원에서 놀고 있는 다른 아이들도 볼 수 있거든요. 하지만 내가 익숙하게 알고 있는 아이랑 함께 노는 게 제일 좋아요. 희야랑 민영이도 왔다는 말을 들으면 너무너무 신 나요. 난 그 둘을 모두 알고 있고, 전에도 함께 재미있게 놀아 본 적이 있거든요.

특히 민영이랑 노는 게 제일 좋은데, 걘 나처럼 모래 놀이를 좋아한답니다. 그리고 공원에서 신 나게 뛰어다니는 걸 좋아하기도 하고요. 하지만 민영이는 눈에 모래가 들어가는 걸 제일 싫어해요. 또 새로 산 자기 물통이랑 삽을 내가 만지거나 가지고 노는 것도 싫어하는 것 같아요.

🚙 친구랑 노는 시간은 너무 길지 않게 배려해 주세요

친구들이 우리 집에 놀러 오면 진짜 신 나요. 함께 과자도 먹고, 장난감들을 가지고 놀기도 하고, 또 엄마랑 같이 공 놀이도 하면서 많은 걸 할 수 있거든요.

하지만 친구들과 신 나게 놀고 나면 난 곧 쉽게 지쳐버리고 말아요. 그럼 얼마 안 가서 문제가 일어나곤 하죠. 그래서 기분 좋게 시작된 놀이가 안 좋게 끝나버리고 마는 거예요. 엄마, 난 그런 나쁜 감정들을 느끼기 싫어요. 그러니까 그렇게 되지 않도록 노는 시간을 조절해 주세요.

또 친구를 한 명만 초대했으면 좋겠어요. 아직 세 살짜리인 저한테는 두 명도 힘들답니다. 아마 내가 좀 더 자라면 그땐 많은 친구들과 어울려 노는 걸 좋아하게 될지도 몰라요.

✿ 중립적인 장소에서 놀 필요도 있어요

내 장난감을 친구들과 함께 나누며 놀고 싶지 않을 땐 친구들이 와도 즐겁지 않아요. 그래서 어떨 땐 공원 같은 데서 노는 게 훨씬 좋아요. 그러니까 민영이랑 우리 집에서 놀거나, 아니면 민영이네 집에서만 놀지 말고 공원이나 놀이터 같은 데서도 함께 놀게 해주세요. 맛난 점심을 준비해서 소풍 놀이도 하는 거예요. 어때요, 정말 신 나겠죠?

또래 관계는 천천히 한 걸음씩 시작하도록 도와주세요

엄마에게만 꼭 붙어 있던 아이는 이제 또래에게도 슬슬 관심을 보이게 됩니다. 좋아하는 것이나 언어 주순이 비슷한 또래에게 흥미를 보이는 것이죠. 하지만 말 그대로 아직은 관심을 보이는 단계로 초보적인 교류 정도만 가능합니다. 사이좋게 노는가 싶다가도, 금세 서로 싸우기 일쑤지요. 아직 타인에 대한 배려나 공감 수준이 미숙하기 때문이랍니다.

또래와는 단계적으로 천천히 어울려 갈 수 있게 도와주세요. 처음부터 아이가 지칠 만큼 오랜 시간 동안 아이들과 어울리게 하는 것은 좋지 않습니다. 익숙한 친구와 함께 놀면서 어울려 노는 법을 배우다 보면, 점차 다른 친구들과도 즐겁게 어울려 놀게 될 것입니다.

새 침대에 적응할 시간을 주세요

내 방에 있는 것들은
모두 내 소중한 친구예요.
그래서 내 방에 있으면 익숙함과
편안함을 느껴요. 내 방에 변화가
필요할 땐 꼭 내게
물어봐 주세요.

썰렁……

휭

60

난 내 침대가 정말 좋아요. 잠잘 시간이 되면 나는 내 몸과 얼굴을 마음껏 묻고 비빌 수 있는 나만의 침대로 간답니다. 내가 잠에서 깬 다음 가장 먼저 하는 일은 가끔씩 내 침대 한 귀퉁이에 잠들어 있는 소중한 친구 곰돌이를 찾아 깨우는 거예요.

이젠 엄마가 침대에서 나를 꺼내 줄 때까지 마냥 기다리고 있어야 할 필요가 없을 만큼 자랐어요. 나 혼자서도 침대에서 얼마든지 나올 수 있답니다. 물론 처음엔 굴러 떨어진 적도 있었죠. 하지만 점점 나아지고 있어요.

어쩌면 엄만 옛날처럼 내가 엄마에게 도움을 청하기를 은근히 바라고 있는지도 모르겠어요. 하지만 난 이제 내 침대에서 혼자 나올 수 있을 만큼은 충분히 자랐다고 생각해요.

어느 날 엄마가 이제 조금 있으면 큰아이가 되니 지금보다 훨씬 더 크고 넓은 침대가 생기게 될 거라고 말씀하셨어요. 엄마, 그게 무슨 뜻인가요? 무슨 말인지 잘 모르겠어요. 그럼 내 침대는 어떻게 되는 거죠?

물론 엄마 말대로 큰아이가 되는 것도 좋고 설레지만, 예상하지 못한 깜짝 놀랄 일들이나 변화는 세 살짜리인 내가 감당하기엔 조금 버겁답니다.

🐻 새 침대에 익숙해질 시간이 필요해요

엄마, 내가 생각해도 이제 새 침대를 가져도 될 것 같아요. 새 침대를 내 방으로 옮기는 걸 도와드릴까요? 침대는 너무 무거워서 내 힘으로 들 수 없지만, 나처럼 조그만 아이도 들 수 있는 게 있을 거예요. 참! 이 베개는 어때요?

그러고 보니 아기용 침대에서 썼던 이불이랑 베개는 새 침대에서 쓰기에는 너무 작네요. 새 이불이랑 베개를 살 때는 나도 데려가요. 엄마, 내가 쓸 거니까 직접 골라도 되죠? 내가 좋아하는 곰돌이가 그려진 이불을 살래요. 새 침대에 새 곰돌이 이불까지 다 준비되었으니, 이제 엄마는 곰돌이가 나오는 그림책을 읽어 주세요. 책은 내가 가져올게요. 우리 같이 읽어요.

엄마, 새 침대를 들여놨다고 내 옛날 침대를 바로 치워버리진 않으실 거죠? 낮잠 잘 시간이 오면 전에 쓰던 침대에서 잘 건지, 아님 새로 산 침대에서 잘 건지 내가 결정할 수 있게 해주세요. 큰 형아들이 쓰는 새 침대를 갖게 돼서 나도 무척 기쁘고 좋긴 하지만, 예전에 쓰던 낡은 침대가 낮잠을 자기엔 아직은 더 편안할지도 모르거든요.

🐑 이젠 아기용 침대와 작별 인사를 할래요

새 침대는 진짜 멋져요. 벌써 2주째 새 침대에서 자고 있답니다.

가끔은 예전에 쓰던 아기용 침대를 잠깐씩 쓰기도 해요. 하지만 그건 그 안에서 놀 때뿐이에요. 꼭 새 침대에서만 자야 한다고 강요하지 않고 기다려 주어서 고맙습니다, 엄마! 사실 새 침대에 익숙해지기까지 시간이 좀 필요했거든요.

이젠 지금까지 썼던 아기용 침대를 영원히 치워도 될 것 같아요. 그렇더라도 치우기 전에 나한테 미리 알려주는 거 잊지 마세요. 예전 침대를 어떻게 할 건지에 대해서도 말이죠. 그리고 이젠 '안녕'이라고 작별 인사를 하게 해주세요.

"옛 친구야, 안녕. 그동안 정말 고마웠어."

아이의 환경을 바꿔야 할 땐 서서히 시도하는 게 좋아요

아이들은 변화에 따른 전환이 즉각 이루어지지 않는답니다. 따라서 작은 환경의 변화에도 스트레스를 받게 되죠. 아이가 하루가 다르게 성장하면서 아기 때 쓰던 것들을 조금 더 큰 아이들의 물건으로 바꿔 줄 필요가 있을 것입니다. 이럴 때는 예전 물건으로부터 자연스럽게 정을 뗄 수 있게 해주고, 새 물건에 조금씩 적응할 수 있도록 도와주어야 합니다.

억지로 새 물건에 빨리 적응하도록 강요하면, 오히려 예전에 쓰던 물건들에 더욱 집착하는 결과로 나타날 수 있습니다. 또 이런 변화에 아이가 주변인이 아닌 주체로서 주도적으로 참여할 수 있게 해주면, 아이는 자연스럽게 변화에 적응해 갈 수 있을 것입니다.

Part 02

세 살짜리의 독특한
세계를 이해해 주세요

내가 "싫어!"라고 말하면 엄마는 짜증스러워해요.

하지만 난 이 말이 좋은 걸요! 아무리 엄마가 내가 좋아하는 걸 권하셔도 난 싫다고 말할 거예요. 앗, 엄마 나 다쳤어요. 빨리 밴드 붙이고 '호~' 해주셔야죠. 그렇게 많이 다치지 않았다고요? 그건 우리들을 몰라서 하시는 말씀이에요. 우린 아주 작은 상처라도 밴드를 붙이고 '호~' 해야 한답니다. 우린 엉뚱한 나라에서 온 세 살이거든요.

난 '싫어'라는 말이 좋아요

먹기 싫어요!

'아~'
하기 싫어요!

그 반찬은 싫어요!

아~

바쁘고 힘든 아침이었어요. 엄만 항상 서둘러요. 그리고 엄마는 나를 엄마 뜻대로 움직이려고 해요. 하지만 난 이제 아기가 아니에요. 스스로 생각하고 행동하는 법을 배우고 있는 중이랍니다.

'싫어'라는 말은 내가 뭔가에 책임질 수 있는 것 같은 기회를 만들어줘요. 난 엄마가 아니랍니다. 그냥 나일 뿐이에요. 그리고 내가 좋아하는 것이나 원하는 걸 스스로 결정하고 싶어요.

엄마, 어떤 때는 내가 뭘 원하는지 나도 잘 모를 때가 있어요. 그럼 엄마가 뭘 해보라고 말해 주기도 하는데, 그럼 난 대뜸 싫다고 말하죠. 내가 그러는 이유는 어쩐지 엄마가 말하는 건 무조건 싫다는 생각이 들 때가 있어서 그러는 거예요. 난 뭐든 내 맘대로 하고 싶은데, 엄마가 나에게 일일이 이거 해라, 저거 해라 하고 말해 주면 내가 선택할 수 없잖아요.

또 뭔가에 쫓겨 막 서둘러야 하거나, 카시트에 꼼짝 않고 앉아 있어야 하거나, 또 마트에서 장을 볼 때나, 또는 뭔가를 보기만 하고 절대로 만져서는 안 되는 곳에 가게 되면 더욱 내 맘대로 할 수가 없어서 힘들어진답니다.

난 아이스크림이 너무너무 좋은데도 어떤 때는 엄마가 아이스크림 먹겠냐고 물어보면 냉큼 싫다고 말할지도 몰라요. 그럴 땐 정말 엄마의 도움이 필요해요. 내 말만 듣고 아이스크림을 안 사 주면 나는 속상해서 엉엉 울어버릴지도 모르거든요.

🚌 "싫어"라는 말을 많이 할 수 있게 해주세요

난 그저 내 또래 아이들처럼 평범하게 행동하고 있는 것뿐이에요. 그러니까 제발 나한테 화를 내지 말아주세요. 혼자 하는 걸 배워가는 게 그리 쉬운 일은 아니거든요. 난 식탁에서 과자 먹기 싫어요. 그냥 여기 냉장고 앞에서 먹고 싶단 말예요.

난 엄마가 내 생각을 주의 깊게 들어준 다음, 내가 하고 싶은 대로 할 수 있는 기회를 줄 때가 좋아요. 하지만 내 요구를 들어주실 수 없을 땐, 내가 어디서 먹어야 청소하기 쉬운지를 차근차근 말해주세요. 그래야 나도 이유를 알고 이해하게 된답니다.

어떤 때는 좀 더 생각하고 결정을 내려야 할 때가 있어요. 그러니까 내가 즉흥적으로 "싫어!"라고 말하는 대답을 너무 빨리 받아들이지는 말아주세요. 아이스크림을 먹겠느냐는 말보다 내가 가장 좋아하는 아이스크림의 이름을 말해 보라고 하면, 무턱대고 "싫어!", "안 돼!"라고 말하는 대신 내가 얼마나 아이스크림을 좋아하는지에 대해서 생각해 볼 수 있을 거예요.

엄마, 나에 대해 너무 걱정하지 마세요. 내게 스스로 생각해 볼 수 있는 시간을 조금만 주면 절대 말썽꾸러기 괴물로 돌변하진 않을 테니까요. 지금은 아무 때나 "싫어!"나 "안 돼!"라고 말하지만,

나중에 자라면 꼭 거절해야만 하는 상황에서 그 말을 좀 더 쉽고 자연스럽게 할 수 있을 거예요.

만약 내가 싫다는 말을 할 때마다 야단을 치면, 난 정당하게 싫다고 말할 수 있는 법을 배우지 못할 수도 있어요. 나중에 내가 자라서 무슨 일이든 "네, 네."라고 말하며 남에게 휘둘리는 사람이 되길 원하는 건 아니죠, 엄마?

엄마가 원하는 게 뭔지 미리 말해 주세요

어떤 때는 나도 무척 혼란스러워요. 엄마가 "목욕해도 되겠니?"라고 물어보았을 때 내가 싫다고 했어요. 하지만 난 목욕이 싫은 게 아니에요. 엄만 지금 목욕해도 좋은지를 물어본 거잖아요. 지금은 내키지 않는단 말예요. 왜냐하면 난 지금 노느라 바쁘거든요.

목욕을 하기 전에 미리 예고를 해주는 게 좋아요. 예를 들면 "조금만 더 놀다가 목욕할 거다."라고 말이죠. 또 조금 지나서 "이제 곧 목욕할 거야."라고 말해 주는 거예요. 난 깜짝 놀라는 일이나 느닷없이 벌어지는 일 같은 건 별로 좋아하지 않거든요.

그리고 나한테 뭔가 선택을 할 수 있게 해주세요. 욕실까지 새처럼 '훨훨' 날아갈 건지, 아님 토끼처럼 '깡충깡충' 뛰어갈 건지 물어봐 주세요. 글쎄요, 오늘 밤엔 호랑이처럼 으르렁거리며 기어가는 게 좋겠어요.

🌱 "안 돼!"라는 말은 가능한 적게 사용해 주세요

어떤 날은 엄마가 "안 돼!"라고 말하는 소리를 하루 종일 들어요. "엄마 화장품 갖고 놀면 안 돼!", "강아지 꼬리를 그렇게 잡아당기면 안 돼!", "저녁 먹어야 하니까 지금 과자를 먹으면 안 돼!"

엄마가 "안 돼!"라고 말하면 나는 점점 화가 나요. 그러니까 안 된다고만 하지 말고 내가 할 수 있는 일을 말해 주면 좋겠어요. 엄마 화장품을 갖고 놀 순 없어도 이 스카프를 갖고 노는 건 괜찮겠죠? 고마워요, 엄마!

"싫어!"라는 말은 자기주장의 초기 표현입니다

엄마와 아이 사이의 고집 줄다리기가 시작되었습니다. 반항기가 찾아온 거죠. 어느 날 갑자기 아이가 청개구리처럼 "싫어!"를 연발합니다. 말 잘 듣던 아이가 하루 종일 싫다는 말을 쏟아내면 엄마는 당황하며 자기도 모르게 야단치고 부모의 뜻대로 행동하도록 아이를 이끌려 합니다.

하지만 '싫어'는 자기주장의 첫 신호입니다. 자신의 뜻대로 행동하고 싶은 강한 의지의 표현이지요. 때론 본인이 하고 싶은 일을 권해도 싫다고 말할 수 있습니다. 이런 시기엔 부모의 눈높이로 행동을 강요하기보다는 아이의 발달 성향을 이해하는 것이 우선입니다. 선택의 기회를 줌으로써 피어나기 시작한 아이의 자존감을 살려주세요.

왜요? 왜요? 왜요?

오늘은 왜 토요일이에요?
비는 왜 와요?
남지는 왜 울고 있나요?
왜 그만 물어보라고 하세요?

'왜'는 요즘 들어 내가 관심을 갖게 된 말이에요. 그 말을 하면 엄마가 하던 일을 멈추고 내게 관심을 보여주거든요. 그래서 그런지 '왜'란 말이 너무 좋고 재미있어요. 하지만 엄마는 점점 '왜'라는 말을 귀찮아하는 것 같아요.

요즘 난 주변을 둘러싸고 있는 모든 것들에 대해 탐구하고 알아가면서 하루를 보내요. 알아야 할 게 너무너무 많거든요. 내가 준이의 공을 숨기면 어떤 일이 생길까요? 내 상자에는 얼마나 많은 장난감이 들어갈까요? 떨어뜨리지 않고 얼마나 높이 블록을 쌓을 수 있을까요? 이런 것들은 나 혼자 알아내야 하는 것들이에요.

하지만 나 혼자 알아낼 수 없는 것들이 너무 많아요. 왜 빵이 구워지는지, 왜 마트에 가야 하는지, 또 왜 변기를 사용해야 하는지 등에 대해선 아직 알아내지 못했어요.

내가 '왜'라고 하면 엄만 하던 일을 멈추고 나와 대화를 해요. 난 그게 정말 좋아요. 엄마가 하는 말을 모두 알아들으려고 최선을 다하지만, 대개는 이해할 수 없을 때가 많아요. 그래서 더 '왜'라고 묻는 거랍니다. 때론 답을 알고 있을 때도 '왜'라고 물어요. 이미 알고 있는 것이라도 엄마한테 확인받으면 어쩐지 기분이 뿌듯해지는 게 으쓱하고 좋거든요.

또 밤에 엄마가 잘 자라고 인사할 때도 질문을 해요. 그럼 엄마와 몇 분 더 함께 있을 수 있으니까요. 난 '왜'라는 말이 참 좋아요. 그래서 점점 더 자주 사용한답니다.

 ### 내 질문에 귀찮아하지 말고 대답해 주세요

엄마, 왜 빵이 구워지는지에 대해 나도 몇 가지 생각을 해봤어요. 아마도 토스트기가 뜨거워져서 그렇게 되는 것 아닐까요? 엄마가 조금만 도와주면 진짜 이유를 알 수 있을 텐데요. 내가 빵을 토스트기에 넣고 뜨거워지는 걸 지켜보면 빵이 토스트가 되어가는 과정을 볼 수 있잖아요.

빵을 구울 땐 항상 어른들과 함께 해야 한다는 걸 말해 주세요. 다른 이상한 것들을 집어넣으면 사고가 나거나 토스트기가 고장이 날 수도 있으니, 토스트 기계 안에는 빵만 넣어야 한다는 것도 꼭 알려주세요.

난 깜짝 놀라는 걸 별로 좋아하지 않기 때문에 내 주변의 것들에 대해 많이 알게 될수록 기분이 더 좋아지고 안심이 된답니다. 이유를 모르면 그냥 내 멋대로 짐작할 수밖에 없거든요.

내가 뭔가를 물어볼 때 엄마가 "그거 진짜 좋은 질문이구나!"라고 말해 주면 정말 기분이 끝내주게 좋아요. 그런 말은 뭔가를 알고자 하는 내 마음을 더 부추긴답니다. 난 계속해서 물어보고 또 물어볼 거예요. 질문을 하면 말도 훨씬 더 많이 배우게 된다는 것을 혹시 알고 계시나요? 그럼 난 세상을 더 빨리 알아갈 수 있을 거예요. 배운다는 건 진짜 재미있는 일이에요. 그렇죠?

배움에 대한 내 열정이 때론 엄마를 화나게 만들거나 지치게 만드는가 봐요. 하지만 화가 나고 지친다고 해도 나한테 버럭 소리를 지르거나 못 들은 척하지는 말아 주세요. 엄마한테는 내 생각이나 질문들이 중요하지 않나요? 내 질문에 대해 엄마가 진지하고 성의 있게 관심을 가져주지 않는다면, 나중에 좀 더 중요한 질문이 생기면 그땐 어떻게 하나요?

🚐 때론 엄마가 먼저 정보를 주세요

엄마, 항상 내가 먼저 질문할 때까지 기다릴 필요는 없어요. 어떤 것들에 대해서는 엄마가 먼저 말하고 보여주는 것도 좋답니다.

나는 경찰차나 소방차나 앰뷸런스가 시끄러운 소리를 낸다는 것을 알고 있어요. 시끄러운 소리를 내면서 지금 대단히 위급한 상황이라는 걸 알려준다는 것도요. 이런 차들이 오면 다른 차들은 길옆으로 비켜서 양보해 주어야 한다는 사실도요.

나는 여러 종류의 비행기나 자동차, 기차 등이 나와 있는 책을 정말 좋아해요. 우리 집 위로 멀리 책에서 본 비행기가 날아가는 걸 보니 정말 신기해요. 또 내 장난감 중의 어떤 것들은 플라스틱으로 만들어졌고, 또 어떤 것들은 금속으로 만들어졌다는 것도 배웠어요.

플라스틱으로 만든 장난감들은 목욕할 때 욕조에 가지고 들어가서 놀 수 있지만, 금속으로 만든 건 안 된다는 것도 배웠지요. 금속으로 만든 것들은 물에 닿으면 녹이 스니까요.

사과파이를 만들 때 설탕이랑 사과가 어떤 냄새를 풍기는지도 나는 알아요. 엄마랑 만든 사과파이는 정말 맛있어요. 그런데 엄마…… 나는 왜 사과 파이를 좋아할까요?

엉뚱한 질문이라도 귀 기울여 듣고 성의껏 대답해 주세요

두세 살에 접어들어 언어 발달과 함께 나타나는 특징은 질문이 많아진다는 거랍니다. 질문을 하는 이유는 여러 가지인데, 우선 지식 성장 욕구 때문이랍니다. 세상은 온통 호기심투성이고, 이해할 수 없는 게 많으니 궁금증을 해소하려면 질문을 할 수밖에 없죠. 또한 엄마의 주의를 끌려는 수단이기도 합니다. 아기 때 질문은 엄마로부터 시작되었지만, 이젠 아이가 질문을 하기 시작합니다. 엄마가 당연히 귀를 기울이게 되죠.

질문들 가운데는 다소 엉뚱하고 어처구니없는 것들도 많습니다. 그렇더라도 성심성의껏 대답해 주세요. 이런 엉뚱한 호기심들이 점차 자라면서 건강한 지적 호기심의 기초가 될 테니까요.

놀이에 상상을 더하기 시작했어요

어머나!
미미가 침대에서 떨어졌네.
엄마가 '호~' 해주고
뽀뽀도 해줄게.
그럼 금방 괜찮아질 거야.

오호······.

어마~

미미

난 내 인형 미미랑 노는 게 좋아요. 내가 하는 일들은 미미도 한답니다. 아기 변기에 앉기도 하고, 목욕도 하고, 침대에서 혼자 잠을 자기도 하죠. 또 어떤 때는 아프기도 해서 병원에 데려가야 할 때도 있어요.

그럼 난 미미한테 의사 선생님은 널 무섭게 하거나 해치려는 게 아니라 도와주려는 거니까 무서워할 것 없다고 말해 주어요. 그리곤 의사 선생님이 뭘 하실지 미미한테 보여줘요. 그럼 미미가 좀 안정이 되거든요. 또 미미가 약 먹는 것도 도와주고요.

난 주로 미미를 돌보면서 시간을 보내요. 미미한텐 내가 필요하고 또 나한텐 미미가 필요하거든요. 미미를 변기에 앉히고 목욕도 시키다 보면 내가 엄마처럼 어른이라도 된 것 같아서 우쭐한 기분이 들어요.

내가 미미한테 의사 선생님이 하는 일들을 말해 주는 건 내가 진짜로 아파서 병원에 가게 되었을 때 도움이 되기도 해요.

가끔은 미미도 해서는 안 되는 일들을 하거나 말썽을 부려 내 속을 썩일 때도 있어요. 내가 가끔 말썽을 부려 엄마 속을 썩이는 것처럼 말이죠. 그럼 난 미미한테 그러면 안 된다고 말해 줘요. 그런 다음에는 미미를 안아주며 "그래도 난 널 사랑한단다."라고 말해 준답니다.

 나의 놀이를 적극적으로 격려해 주세요

엄마가 책상 위를 담요로 덮어 나만의 놀이집을 만들어주었을 때 최고로 기분 좋았어요. 이제 나만의 집을 갖게 되었으니까요. 이건 내가 맘대로 할 수 있는 내 집이랍니다.

집 안에서 나는 미미랑 함께 간식을 먹기도 하고 책도 읽어요. 그런 다음 우린 예쁘게 단장하고 나서 코끼리 친구 무무네 집에도 놀러가요. 또 미미가 아프면 의사 선생님 가방을 가져와서 얼른 낫게 해주기도 해요.

고모가 사준 의사 가방이 있으면 언제든 난 의사 선생님으로 변신할 수 있어요. 또 엄마의 블라우스와 신발만 있으면 엄마도 되고, 카우보이 모자를 쓰면 바로 카우보이 소녀가 된답니다. 뿐만 아니라 왕관만 있으면 난 또 금세 별나라 공주가 되죠. 또 누구로 변신하면 좋을까요? 역할놀이는 진짜진짜 재미있어요.

안 되는 건 없어요. 이건 모두 다 내 상상이니까요

내 친구 무무는 하늘을 날아다니는 코끼리예요. 그런데 엄만 코끼리는 절대로 하늘을 날지 못한다고 해요. 하지만 다른 코끼리들은 하늘을 날 수 없다고 해도 무무는 날 수 있어요. 왜냐고요? 그건 다 내가 만든 이야기니까요. 내 이야기 속에선 코끼리도 날 수 있고 개나 고양이도 날아다닐 수 있답니다.

엄마, 난 이런저런 상상을 하느라 무지 바빠요. 그러니까 날 방해하지 말아주세요. 엄마가 보고 싶어지면 무무를 타고 날아서 엄마에게 갈게요. 그럼 엄마는 코끼리 무무에게 먹을 걸 줘도 되는지 물어봐 주세요. 오랫동안 하늘을 날아서 무무가 배고플지도 모르니까요. 그리고 보니 나도 배가 조금 고픈 것 같아요. 엄마, 우리 간식 먹어요!

아이들의 놀이는 세상의 많은 것을 배워가는 과정입니다

지성이 발달해 가면서 아이는 사물이나 동물을 의인화하거나 가상의 상황을 꾸민 놀이를 즐기기 시작합니다. 이제 본격적으로 상상력의 세계에 발을 들여놓게 된 것이지요. 이런 상상력을 이용한 역할놀이는 단순한 놀이를 넘어 아이가 맺게 되는 다양한 인간관계에서 관계나 역할을 정의하는 능력과 함께 창의력을 키우는 중요한 수단이 됩니다.

아이가 한창 놀이를 즐기고 있을 때 '그런 황당한 거짓말을 하다니!'라며 놀이의 흥을 깨기보다는 오히려 적극 동조해 주세요. 아이는 지금 놀이를 통해 세상에 대한 많은 것들을 배우며 지적으로도 성숙해져 가고 있으니까요.

제발 내 평화로운 일상을
깨지 말아 주세요

> 안 돼요, 엄마!
> 셔츠를 먼저 입고 난 다음에 바지를
> 입을 거예요. 머리는 이따가 이 닦은
> 다음에 빗을래요. 난 엄마가 우리의
> 익숙한 순서를 잘 지켜 주면
> 좋겠어요.

4

탁!

아이참!

1

2

3

80

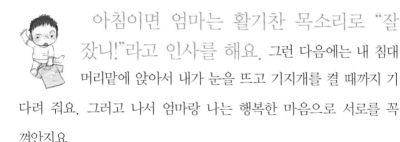

아침이면 엄마는 활기찬 목소리로 "잘 잤니!"라고 인사를 해요. 그런 다음에는 내 침대 머리맡에 앉아서 내가 눈을 뜨고 기지개를 켤 때까지 기다려 줘요. 그러고 나서 엄마랑 나는 행복한 마음으로 서로를 꼭 껴안지요.

아침을 먹을 때면 엄만 항상 밥이랑 시리얼 중에서 하나를 내가 선택하게 해줘요. 이렇게 시작되는 하루는 나에게 가장 평온하고 행복한 순간이랍니다.

사실 하루하루 지내다 보면 많은 것들이 날 혼란스럽게 하기도 하고 또 화나게 만들기도 해요. 오늘 아침엔 공룡 퍼즐이 잘 들어 맞지 않아서 짜증이 났어요. 게다가 엄만 오늘은 내가 제일 좋아하는 슈퍼맨 셔츠를 입을 수 없다고 했어요. 더러워서 빨아야 한다나요? 난 더러운 것쯤 상관없는데 말이죠.

무슨 일이 생길지 미리 알 수 있다는 것과 뭔가를 스스로 선택할 수 있다는 것은, 마음이 안정되고 또 참아야 할 때는 참을 수 있는 힘을 주거든요. 나한테 매우 중요하지요.

엄마랑 내가 하루 동안 해야 하는 일들은 이것 말고도 많이 있어요. 어린이집에 도착하면 엄만 늘 내게 뽀뽀 세 번과 포옹 세 번을 해주어요. 왜냐하면 그건 내가 세 살이기 때문이래요. 그러곤 "이따 보자. 사랑해!" 하고 작별 인사를 한답니다. 어린이집에서는 우선 선생님께 인사하고 내 옷이랑 가방을 옷걸이에 함께 걸어요.

어린이집이 끝나고 집에 돌아오면, 엄마랑 나는 소파에 앉아 몇 분 동안 어린이집에서 있었던 얘기를 나누어요. 그런 다음 편안한 옷으로 갈아입지요. 그리고 잠잘 시간이 되면 엄마는 항상 두 권의 책을 읽어주어요.

이렇듯 내가 늘 하던 대로만 하자고 우기기라도 하면 엄마는 당황해해요. 내가 제멋대로에 고집불통처럼 보일지도 모르지만, 그렇지 않아요. 다만 이런 매일의 소소한 규칙들이 나한텐 매우 중요해요. 같은 순서대로 하지 않고 빼먹거나 순서를 바꾸거나 또는 급하게 서둘러 하게 되면 마음이 혼란스럽고 기분이 나빠져요.

🌙 순서와 규칙을 무시하지 말고 지켜주세요

일상 속에서 진행되는 일들의 순서와 규칙은 나뿐만 아니라 엄마에게도 도움이 될 거예요. 매일 아침에 일어나 엄마랑 함께 특별하고 즐거운 시간을 보낼 수 있다는 걸 알게 되면, 잠자리에 들 시간에 엄마의 관심을 끌기 위해 제멋대로 말썽을 부리거나 고집을 부리는 행동을 하지 않을지도 몰라요.

또 놀이방에 가서 엄마랑 헤어질 때, 우리만의 특별한 작별 인사를 하지도 않았는데, 엄마가 놀이방을 바쁘게 떠나면 너무 화가 나요. 우리만의 작별 인사를 하고 이따가 보자고 말한 다음에 가면 좋겠어요. 그러면 조금 있다가 엄마가 다시 올 거라는 생각에 마음 편히 놀 수 있어요.

또 엄마가 "이젠 잘 시간이구나."라고 말했는데, 잠자리에서 늘 읽곤 하는 책을 읽지 않는다면 난 화가 날 거예요. 그럼 잠잘 시간에 떼를 쓰고 징징대며 조르게 될 테니, 잠을 자는 건 아마 더 어려워지겠죠.

엄마, 만약 우리가 두 권의 책을 읽는 게 정말 힘들다면 어쩌면 아주 빨리 한 권 정도는 읽어줄 수 있나요? 아니면 내일 읽을 책을 미리 골라서 침대맡에 놓아두는 거예요. 내일은 꼭 두 권의 책을 읽을 수 있다는 말도 해주고요. 엄마, 다음 날엔 나와의 약속을 잊지 말고 꼭 읽어주어야 해요.

엉망진창이 되면, 엄마의 인내심이 더 필요해져요

변화는 내겐 감당하기 힘들어요. 특히 미리 계획된 것이 아닐 때는 더 그렇죠. 할머니네 집에서 하루를 보내려고 갔을 때도 마치 집에서 보내는 것처럼 일상적인 내 하루가 잘 지켜지면 좋겠어요.

때론 엄마가 곁에서 도와주면 어떤 변화들은 그럭저럭 감당해 낼 수 있기도 해요. 하지만 그렇더라도 여전히 엄마나 나의 에너지가 평소보다 훨씬 더 많이 필요하답니다.

엄마, 할머니네 집에 갈 때, 내가 좋아하는 책을 가방에 넣었는지 꼭 확인해 줘야 해요. 내 전용 샴푸랑 수건도 빠뜨리면 안 되고요. 참! 곰돌이도 데려갈래요. 그리고 할머니 집에 가서도 매일 아침마다 하는 우리만의 특별한 아침 인사는 잊지 않고 꼭 해주실 거죠?

공식처럼 매일매일 정해진 일상의 규칙을 만들어 보세요

앞서 설명했지만, 두세 살짜리에게 변화는 혼란스럽기만 합니다. 일상이 어떤 규칙이나 공식대로 흘러가면 아이는 그 속에서 스스로 상황을 통제할 수 있다고 여기기 때문에 안정감을 느끼게 됩니다. 또한 이런 공식처럼 구성된 일상의 규칙을 가지고 있는 경우, 아이의 돌발적인 행동을 줄일 수 있답니다.

하지만 변화무쌍한 일상에서는 규칙을 깰 수밖에 없는 상황이 언제든 발생할 수 있지요. 그럴 때는 변화로 인해 당황스러울 아이의 마음을 먼저 어루만져 주세요. 변화가 불가피한 경우라도 최대한 일상의 규칙을 적용할 수 있는 선에서 반영해 준다면 아이가 좀 더 쉽게 받아들일 수 있답니다.

엄마, 나 밴드 붙여 주세요

아야~ 아야~
엄마, 나 손가락이 아파요.
밴드 붙여 주세요.
피가 나냐고요? 아뇨……
하지만 밴드는 꼭 붙여야 해요.

호오~

난 천천히 걷는 것보다 빨리 달리는 걸 좋아해요. 미끄럼틀 타는 거랑 목마를 타는 것도 무지 좋아하고요. 그러다 보니 자주 넘어진답니다. 아까도 밖에 나갔다가 몇 번이나 넘어졌어요. 요기 밴드 붙인 거 보이시죠? 그거 말고도 여기랑 여기, 또 여기를 다쳤어요.

이렇게 밴드를 붙여놓으면 내가 다친 곳을 금방 찾아볼 수 있답니다. 또 아빠랑 할머니, 할아버지한테도 보여줄 수 있어요. 보세요! 이렇게 다친 데가 많은데도 울지 않잖아요. 내가 얼마나 용감하고 씩씩한 아이인지 알겠죠?

밴드나 반창고는 나한텐 마법 같은 물건이에요

때때로 엄만 내가 분명히 다쳤는데도 밴드나 반창고를 붙일 필요가 없다고 해요. 아파서 엄마에게 달려갔는데 상처가 대수롭지 않다며 밴드 같은 건 붙일 필요가 없다고 하고, 또 때론 그런 상처엔 밴드를 붙여도 별로 도움이 되지 않는다고 매정하게 말씀하시지 뭐예요.

하지만 내 생각은 엄마랑 전혀 다르답니다. 왜냐하면 밴드는 나한테 일종의 마법과 같은 물건이거든요. 밴드는 뭐든 낫게 해줘요. 좀 전까지 분명히 아팠는데 밴드를 붙이고 엄마가 '호!' 하고 불어주니까 하나도 아프지 않아요. 정말이라니까요. 엄마는 아니라고 해도, 난 그걸 분명히 알 수 있어요.

엄마가 뭐라고 하시든 이건 내 몸에 관한 거잖아요. 그러니까 밴드를 붙일 필요가 있네 없네 하면서 우리 서로 싸우지 말아요. 밴드나 반창고를 붙여주면서 엄마가 따뜻하게 안아주는 거야말로 그 어떤 아픔도 금방 잊게 해주고, 다친 곳도 씻은 듯이 낫게 해주는 마법의 치료약이거든요.

그래서 일단 상처에 밴드를 붙이고, 엄마가 '호~호~' 해주고 나면 다치기 전까지 하고 있던 놀이로 난 아무렇지 않게 다시 돌아갈 수 있답니다.

🚌 나만의 반창고 상자를 만들어주세요

엄마, 난 요즘 내 몸에 부쩍 관심이 많아졌어요. 다치면 왜 피가 나죠? 피는 왜 빨간색인가요? 피는 계속 나오는 건가요? 아님 저절로 멈추나요? 피가 나면 왜 이렇게 아픈 건데요? 엄만 다쳐서 아픈 적이 한 번도 없었나요? 엄마도 다치면 피가 나나요?

대체 왜 그런 건지는 나도 잘 모르겠지만, 엄마가 반창고나 밴드를 붙여주면 이상하게도 아픈 게 덜해지면서 금세 괜찮아진답니다. 그래서 부딪히거나 긁힐 때면 반창고나 밴드가 꼭 필요한 거예요.

그래서 말인데요. 엄마! 언제나 다치면 꺼내 쓸 수 있는 나만의 전용 밴드 상자가 있으면 좋겠어요. 그럼 나 혼자서도 밴드를 붙일 수 있을 테니까요.

참, 엄마! 나를 위한 밴드를 살 때는 예쁜 무늬나 색깔, 귀여운 그림이 그려져 있는 걸로 골라주세요. 엄마, 저기 곰돌이가 그려진 거요. 저 곰돌이 밴드를 붙이면 아픈 게 싹 나을 것 같아요. 내가 좋아하는 곰돌이가 그려진 밴드니까 금방 나을 거예요.

아이에게 '상처=밴드'는 상처 치료를 위한 의식이에요

작은 상처에도 쪼르르 달려와 호호 불고 밴드를 붙여 달라며 호들갑 떠는 아이를 보면 귀엽기도 하고 어처구니가 없기도 합니다. 자기 몸에 깊은 관심을 갖게 된 아이에게 몸에 상처가 생겨 피가 난다는 건 큰 놀라움이에요. 때론 다칠 때보다 상처나 피를 보곤 더 큰 울음을 터뜨리니까요.

이럴 때 눈물을 뚝 그치게 만들어주는 것이 바로 밴드입니다. 아이의 상처를 정성껏 치료해 주고, 예쁜 밴드도 붙여주세요. 비록 밴드를 붙일 정도로 큰 상처가 아니어도 아이가 원할 때는 작은 밴드라도 붙여주세요. 아이에게 이건 일종의 의식과 같으니까요. 더불어 상처가 빨리 아물라는 바람을 담은 뽀뽀와 '호호~' 불어주는 의식도 잊지 마세요.

여섯번째 에피소드

내 몸 구석구석이 너무 궁금해졌어요

난 벌거벗은 내 몸을
거울로 보는 게 좋아요.
그럼 어쩐지 내가
더 멋있어 보이거든요.
우쭐
으쓱
우쭐
으쓱

난 호기심 많은 탐험가예요. 모든 것에 대해 배우고 싶거든요. 모래에 관심이 생기면 하루 종일 모래가 많은 놀이터에 앉아 땅을 파거나 모래를 퍼 올리거나 아님 모래를 섞고 싶어져요. 그런데 요즘은 부쩍 '몸'이라는 것에 대해 관심이 생겼답니다.

특히 내 몸에 대해서는 더욱 관심이 많아요. 내 몸 여기저기를 손가락으로 찔러 보거나 간질여 보거나 담요로 문지르면서 탐험해 가죠. 또 내 심장 박동 소리를 느끼는 것도 좋아하고요. 목욕 후엔 거울에 입김을 불어보는 것도 재미있어요. 내 엉덩이에서 똥이 나오는 걸 보는 건 정말 흥미로운 일이랍니다.

물론 난 엄마, 아빠, 누나의 몸에도 관심이 많아요. 평소에는 볼 기회가 없으니까 샤워하는 소리가 들리면 욕실로 바로 달려가 보는 것도 그 이유랍니다. 모든 사람의 몸이 똑같지 않다는 걸 이제 막 알아가는 중이거든요.

내 몸의 각 부분을 뭐라고 하는지 이름을 알려주세요

난 새로운 단어들을 알아가는 게 즐거워요. 특히 "코가 어디 있을까?", "배꼽은 어디에 있니?"라는 놀이를 하는 걸 좋아한답니다. 요즘 나는 내 몸에 여러 가지 다른 부분들이 있다는 걸 배우고 있는 중이에요.

엄마, 똥이 나오는 곳은 뭐라고 불러요? 오줌이 나오는 곳의 이름은 뭐라고 하나요? 오줌이 나올 때 그 볼록한 부분의 이름은 뭔가요?

내가 몸의 아래쪽에 대해 물어볼 때면 엄만 갑자기 얼굴이 빨개지면서 곧 다른 화제로 이야기를 돌리려고 해요. 혹시 엄마도 그 이름들을 모르는 건가요? 아니면 그 단어들이 나한테는 너무 어렵다고 생각해서 그러는 건가요?

엄만 내가 스테고사우루스, 티라노사우루스 같은 어려운 공룡들의 이름을 다 외운 거 기억하시죠? 가르쳐주면 배울 수 있다니까요. 정말이에요!

🐑 남녀가 서로 다르다는 걸 이해할 수 있게 도와주세요

언젠가 사촌 웅이 형네 집에 갔을 때 형이랑 함께 화장실에 갔어요. 웅이 형은 서서 쉬했고 오줌은 고추에서 나왔어요. 형아가 오줌이 나오는 곳의 이름이 고추라는 걸 알려줬어요. 엄마도 고추가 있나요?

엄마, 여자 애들은 왜 여자 애들이 된 거예요? 난 그게 너무너무 궁금해요. 남자와 여자는 서로 다른 몸을 가지고 있다는 걸 아는 건 나한테 중요하니까요. 우리 함께 도서관에 가서 남자와 여자의 몸이 그려진 책을 읽어보는 건 어떨까요?

어떤 것들은 그냥 말로만 들어서는 이해하기 힘든 것들이 있어요. 그럴 땐 그림을 보면 이해하기가 훨씬 쉬워요. 그러니까 내가 인형이나 봉제 동물들 그리고 우리 집 고양이의 어떤 부분을 뚫어져라 쳐다보더라도 너무 놀라지 마세요. 난 단지 그런 것들도 여자, 남자를 구분할 수 있는 부분들을 가지고 있는지 궁금할 뿐이거든요.

내가 여기에 너무 빠져든 것처럼 보여서 걱정이 된다고요? 몸에 대한 내 궁금증이 다 해소되면 언제 그랬냐는 듯 다른 일을 찾아 몰입할 테니 걱정 마세요.

몸에 대한 호기심은 당연하고 자연스러운 현상입니다

호기심 덩어리인 아이는 시시콜콜 모든 게 궁금하기만 합니다. 특히 자신을 이루는 몸에 대한 관심은 상당히 크지요. 반짝반짝 빛나는 눈, 킁킁 냄새를 맡는 코, 꼼지락꼼지락 움직이는 손가락 발가락에도 관심이 가지만, 생리 현상을 해결하는 부위에 대한 관심은 더 클 수 있답니다.

또한 이 시기에는 점차 남녀의 차이점에 대한 궁금증이 커져만 갑니다. 아이가 당황스러운 질문을 던진다고 해도 너무 놀라지 마세요. 부모의 놀라는 반응이 자칫 몸의 특정 부위에 대한 부정적인 인식을 심어주는 결과로 나타날 수도 있습니다. 아이의 눈높이에서 인체의 호기심과 궁금증을 해소해 줄 수 있는 쉬운 그림책들을 보여주는 것은 어떨까요?

미미도 나처럼 초롱초롱 빛나는
두 눈과 귀여운 코, 작고 예쁜 입이 있네요.
나처럼 튼튼한 팔다리도요.
그런데 미미도 고추가 있나요?
미미야, 넌 여자니 아니면 남자니?

Part 03

왜 나 하고 싶은 대로만 할 순 없는 거죠?

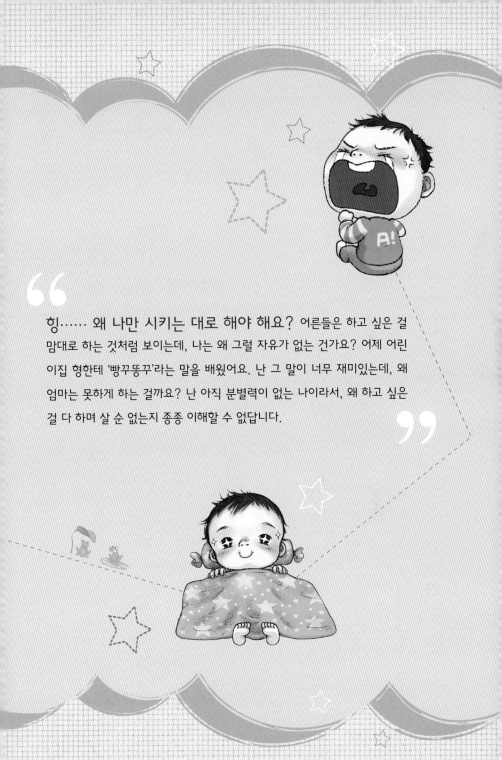

힝…… 왜 나만 시키는 대로 해야 해요? 어른들은 하고 싶은 걸 맘대로 하는 것처럼 보이는데, 나는 왜 그럴 자유가 없는 건가요? 어제 어린이집 형한테 '빵꾸똥꾸'라는 말을 배웠어요. 난 그 말이 너무 재미있는데, 왜 엄마는 못하게 하는 걸까요? 난 아직 분별력이 없는 나이라서, 왜 하고 싶은 걸 다 하며 살 순 없는지 종종 이해할 수 없답니다.

왜 나만 낮잠을 자야 해요?

엄마가 낮잠 잘 시간이래요.
하지만 지금 난 하고 싶은 일이
너무 많은데요……
책 읽기, 블록 쌓기,
모래놀이……

와, 날씨가 참 좋아요! 엄마, 나 밖에 나가서 놀고 싶어요. 놀이터 모래밭에서 땅도 파고 모래로 집도 만들면서 말예요. 그냥 오늘은 그렇게 놀게 해주면 안 되나요? 난 하나도 피곤하지 않아요. 혹시 피곤하다고 느껴지면 놀다가 누워서 잘게요.

쳇, 나한텐 선택의 여지도 없는 건가요? 왜 형아는 낮잠을 안 자도 되는 거예요? 엄마도 낮잠 안 주무시잖아요. 그러니까 우리 식구 중에서 나만 낮잠을 자야 한단 거네요. 내 생각엔 낮잠이 필요한 사람은 나보다 엄마인 거 같아요. 왜냐하면 엄만 피곤해지면 때때로 무서운 괴물처럼 변하거든요.

하지만 엄마는 내가 낮잠을 자지 않으면, 저녁 먹을 때만 되어도 너무 지치고 고단해서 모든 일이 엉망진창이 된다는 걸 잘 알고 계시는 거죠? 그래서 나한테 낮잠을 자라고 하는 거 맞죠? 나도 내가 고단하고 지치는 건 싫지만, 막상 낮잠 잘 시간이 되면 하고 싶은 게 너무 많아지고, 갑자기 잠자기가 싫어져요.

엄마, 내 또래 아이들은 순간순간을 살아간답니다. 차분히 앞으로 일어날 일들을 준비하고 생각할 겨를 따윈 없는 거죠. 지금 이 순간, 나한테 제일 중요한 일은 블록들을 높이높이 쌓아올리는 거예요. 내 키보다 더 크게 아주아주 높이요!

🌰 정기적이고 규칙적인 낮잠시간을 정해 주세요

한창 재미있게 놀고 있는데 갑자기 낮잠을 자러 가야 하는 건 나한텐 힘든 일이에요. 그러니까 매일 간식을 먹은 다음엔 엄마랑 함께 내 방에 가서 낮잠을 자는 게 일과라는 걸 내가 알고 있었으면 좋겠어요.

어린이집에선 간식 먹은 후에 꼭 낮잠을 자거든요. 저녁에 잠자리에 들 때처럼 몸에 긴장을 풀면서 푹 쉴 수 있는 시간이 낮에도 필요해요. 꼭 잠이 아니더라도 엄마랑 같이 편안한 자세로 책을 읽을 수도 있고 음악을 듣는 것도 좋은 방법이에요.

엄마, 낮잠 시간 전엔 급하게 처리해야 하는 일들은 가능하면 피해 주세요. 엄마 따라 마트에 가는 자동차 안에서 종종 잠이 들기도 하지만 그건 겨우 잠시 동안이거든요. 이런 고양이 잠은 얼마 동안만 기분을 좋게 해줄 뿐, 저녁에 잠자리에 들 때까지 버틸 만큼 내게 충분한 에너지를 주진 못하거든요.

지금의 내 또래 아이들에게는 진짜 엄청나게 많은 에너지가 필요하답니다. 알았죠, 엄마?

🚗 너무 지쳤을 땐 엄마의 도움이 더 많이 필요해요

어제는 다른 날보다 좀 더 바쁜 아침 시간을 보냈어요. 수영장에 갔다가 공원으로 소풍도 갔으니까요. 게다가 난 집에 도착하자마자

고양이를 쫓아다니느라 집안 여기저기를 마구 뛰어다니기 시작했죠. 그러고 나니까 너무 피곤해졌고 몸을 가눌 힘조차 없어져버렸어요. 칭얼거리다 결국엔 소리 지르며 울어버렸죠. 나 너무 피곤해요, 엄마!

이럴 땐 내가 잠을 잘 수 있게 엄마가 도와주세요. 엄마가 내 등을 쓰다듬어 주는 게 도움이 되기도 해요. 더 좋은 건 엄마가 날 꼭 안아주는 거예요. 엄마 품에 안겨 있을 때가 난 제일 좋거든요.

지치거나 피곤한 건 그리 좋은 느낌이 아닌 것 같아요. 바쁜 날일수록 평소보다 더 많은 휴식이 필요하고요. 좀 쉬고 나면 피곤하거나 지쳐 있던 몸이 다시 활기를 찾게 된답니다.

휴식이 필요하다는 걸 알려주되 잠을 강요하진 마세요

엄마, 날 침대에 눕힐 수는 있지만 억지로 자게 만들 순 없어요. 다른 날에 비해 내가 더 말을 안 듣고 유난히 고집을 부리는 날이 있을 거예요. 그럴 때 일일이 내가 뭘 해야만 한다고 강요하지 말아주세요.

또 이런 일로 나랑 쓸데없는 실랑이를 벌이지도 말고요. 별로 즐거운 일도 아니고, 그런 싸움에서는 엄마도 나도 아무도 이기는 사람은 없답니다.

차라리 이럴 땐 꼭 잠을 잘 필요는 없지만, 대신 내 방에서 한 시간 정도 조용히 있어야 한다고 말해 주세요. 책을 읽을 것인지 아님 장난감을 가지고 놀 것인지는 내가 결정할 수 있게 해주세요. 그러다 잠이 오면 누워서 잘 수 있을 거예요.

약속한 시간대로 알람을 맞춰놓은 다음엔 방을 나가셔도 좋아요. 내가 만약 방에서 도로 나오거든 지금은 휴식 시간이라는 걸 일깨워준 다음, 방으로 다시 들어갈 수 있게 도와주세요. 어쩌면 난 아마도 절대로 안 잘 거라며 야단법석을 떨지도 몰라요. 하지만 일상적으로 되풀이되다 보면 얼마 안 가 곧 익숙해져서 낮잠을 잘 수 있을 거예요.

몸이 피곤할수록 아이는 떼를 쓴답니다

하고 싶은 게 많아지면 아이의 활동량은 하루하루 점점 더 늘어만 갑니다. 에너지 소모가 많으니 그만큼 충전할 시간도 필요한 것이지요. 피곤할수록 아이는 더 심한 떼를 쓰게 되니, 이 연령대는 하루에 일정 시간 낮잠을 자거나 휴식하는 시간이 꼭 필요하답니다.

단, 아이가 뭔가에 깊이 몰입하고 있는데 그것을 방해하면서까지 휴식이나 낮잠을 강요하지는 마세요. 그 이후에 휴식이나 낮잠을 유도해도 늦지 않습니다. 또한 격하고 동적인 활동이 끝난 직후에 바로 낮잠 시간을 잡는 건 별로 효과적이지 않아요.

두 번째
에피소드

갖고 싶은 걸 모두 가질 순 없나요?

난 코끼리를 무척 좋아해요.
여기 이 코끼리를 갖고 싶어요.
난 코끼리가 많지만, 분홍색은 없단 말예요.
사주실 거죠? 안 돼요!
도로 가져가지 마세요!

아~앙! 엄마,
저거……코끼……

난 장난감이 너무 좋아요. 장난감은 나한테 매우 중요하답니다. 플라스틱 장난감, 봉제 동물들, 로봇 등 종류도 다양한 그런 장난감들을 갖는다는 생각만 해도 기분이 아주 좋아져요.

그런데 왜 이 예쁜 분홍색 코끼리를 내가 가지면 안 되는 건가요? 그것만 있으면 진짜 행복할 것 같은데 말예요. 사주세요, 엄마! 제발요, 네?

엄만 쇼핑 갈 때 항상 날 데리고 가요. 우린 이것저것 많은 것들을 사곤 하죠. 마트엔 진짜 물건이 엄청 많은데, 갈 때마다 거기에 있는 걸 모조리 다 사고 싶어져요. 엄만 나 같은 그런 생각을 한 번도 해본 적이 없나요?

그런데 엄마는 어떤 때는 기분 좋게 장난감을 사주면서 또 어떤 날들은 왜 안 된다고 하는 거예요? 왜 내가 갖고 싶은 장난감을 모두 사면 안 되는 건가요? 징징대며 떼를 써야 사줄까요?

돈이란 게 뭔지, 어떻게 벌고 쓰는지 알려주세요

사람들이 카드라고 부르는 거나 숫자가 써 있는 종이만 있으면 뭐든 살 수 있는 게 아닌가요? 그러니까 나한테도 카드만 있으면 뭐든 살 수 있다는 거죠? 그럼 어디 가야 그런 카드를 얻을 수 있나요? 나도 카드를 갖고 싶어요!

돈은 사람들이 열심히 일해서 버는 거라고 알려주세요. 우리 가족도 일해서 돈을 벌고, 그 돈으로 음식이나 옷 등 생활에 꼭 필요한 것들을 사는 거라고 가르쳐 주세요. 우리가 살아가는 데 꼭 필요한 것들을 살 정도의 돈은 있지만, 그렇다고 갖고 싶은 걸 모조리 살 만큼은 충분하지 않다는 것도요.

🐾 함께 사고 싶은 것들의 목록을 만들어봐요

아까 텔레비전에서 본 그 말하는 강아지 인형은 진짜 멋져요. 텔레비전에 나온 것과 똑같은 걸 나도 하나 꼭 갖고 싶다는 걸 엄마도 알면 좋겠어요.

그래서 말인데요, 엄마! 내 말 좀 들어보세요. 사고 싶은 장난감들이 뭐가 있는지 목록을 만들어보면 어떨까요? 뭐가 갖고 싶은지 정리한 다음 예쁘게 목록을 만들어 냉장고에 붙여놓는 거예요. 그리고 어느 날 장난감을 살 돈이 생기면 내가 이 목록들 중에서 하나를 고르면 되잖아요.

단지 눈으로만 장난감을 바라보는 걸로 만족해야 하는 건 세 살짜리인 나한테 너무나 가혹한 일이에요. 엄마는 사주지도 않을 거면서 대체 뭐 하러 갖고 싶은 장난감들로 가득한 그런 곳에 나를 데려가는 건가요?

장난감들은 내게 너무나 중요한 것들이라서 사고 싶다는 욕구를 참아내기가 여간 어려운 게 아니랍니다. 날 데리고 쇼핑을 갈 때는 오늘 살 것들이 무엇인지 나한테 미리 알려주세요. 사촌 지은이 생일선물로 줄 인형이 어디 있는지 찾는 것쯤은 내가 도와드릴게요.

그런데 엄마, 오늘은 지난번에 두고 온 그 분홍색 코끼리를 사주실 돈이 있는 건가요, 네?

아이의 마음에는 공감해 주되 단호한 태도가 필요합니다

한창 소유욕이 발동할 시기에는 보이는 대로 갖고 싶어 합니다. 아직 현실 감각이나 분별력이 제대로 형성되지 않아서 갖고 싶은 걸 다 가질 수 없는 현실을 받아들이기 매우 어렵기 때문이지요. 이 열망은 징징대거나 떼를 쓰는 행동으로 나타날 수도 있습니다.

이때 자칫 징징거림이나 떼쓰기에 못 이겨 원하는 걸 사준다면, 아이의 이런 행동을 강화시키는 셈입니다. 무조건 갖고 싶다고 다 살 순 없다는 걸 알려주세요. 물론 단번에 아이가 받아들이지는 못하겠지만, 안 되는 상황에서는 단호한 태도를 취함으로써 부모가 흔들리지 말아야 합니다. 다만, 그 물건을 얼마나 갖고 싶어 하는지 그 마음만큼은 충분히 공감해 주세요.

왜 난 '젠장'이라고 하면 안 돼요?

엄마가 '젠장'이라고 말하고,
아빠 '나쁜 자식들'이라고 말하는 걸
들었어요. 나도 그렇게 말해도 되나요?
난 화났을 때 뭐라고 말하죠?

젠장!
빵구 똥구!
쥐새끼야!

혁

난 이제 여러 가지 말들을 배우고 있어요. '나가요.', '과자 먹고 싶어요.', '사줘요.' 또는 '읽어줘요.' 같은 말들을 알고 있죠. 옛날과 달리 내가 원하는 것을 엄마한테 말로 표현할 수 있다는 게 정말 좋아요.

요즘엔 내가 느끼는 강하고 격한 감정들을 표현하는 말들도 배우고 있어요. 어린이집이나 텔레비전에서 보고 배우기도 하고, 할머니 할아버지한테서 배우기도 해요. 물론 대부분 엄마한테 배운 것들이지만요. 평소에 엄마가 그런 말들을 쓰는 걸 귀담아들었다가 나도 똑같이 사용해 본답니다.

오늘 엄마 친구가 아기를 데리고 우리 집에 놀러왔을 때 처음으로 "아기, 예뻐."라고 말해 봤어요. 그러니까 엄만 날 보더니 환하게 웃으시곤 내가 잠깐 아기를 쓰다듬어 볼 수 있게 해주셨어요.

하지만 내가 처음으로 '젠장'이라는 말을 썼을 땐 전혀 다른 반응을 보이셨어요. 내가 "젠장!"이라고 말하자 엄만 깜짝 놀라면서 막 화를 내시는 거예요. 하지만 그 말은 설거지를 하다가 바닥에 접시를 떨어뜨렸을 때 엄마가 했던 말인 걸요? 난 분명히 엄마나 아빠가 그 말을 하는 걸 여러 번 보았고, 어떤 때 그런 말을 하는지도 잘 기억해 두고 있답니다.

어느 날 책을 들고 가다 그만 떨어뜨렸을 때, "젠장!" 하고 그 말을 한번 써봤어요. 책이 떨어져 화가 났었는데 이상하게도 그 말을 하니까 기분이 좀 나아지는 거 있죠? 난 기분이 한결 나아졌는데, 왜 엄만 무서운 얼굴로 그런 말을 쓰면 안 된다고 하는 건가요?

좋은 말과 나쁜 말이 있다는 걸 가르쳐주세요

왜 난 '젠장'이란 말을 쓰면 안 되는 건가요? 세상엔 해서는 안 될 나쁜 말들이 있는 건가요? 그런데 왜 그것들이 나쁜 말인 거죠? 또 어떤 말이 좋은 말이고 어떤 말이 나쁜 말인지 어떻게 알 수 있나요? 엄마도 아빠도 가끔 쓰는 말이잖아요.

엄마, 다른 사람의 기분을 상하지 않게 하면서 동시에 내 기분도 표현해 줄 수 있는 적절한 말들에는 뭐가 있는지 알려주세요. 난 내 안에서 솟아오르는 강력한 감정들을 밖으로 표현해 줄 수 있는 말들을 배울 필요가 있거든요.

그러니까 내가 혹시 나쁜 말을 무심코 하더라도 너무 화만 내지 말아주세요. 대신에 부드럽게 내 눈을 바라보면서 지금 내가 한 말이 좋지 않은 말이란 것만 분명히 알려주세요.

엄마 아빠도 나쁜 말들은 사용하지 않기로 해요

그런데 나보곤 나쁜 말 쓰지 말라고 하면서, 엄만 왜 나쁜 말들을 계속 쓰나요? 엄마가 먼저 좋은 말들만 쓰면, 나도 언젠가는 좋은 말들이 입에 배어 나쁜 말들은 쓰지 않게 될 거예요. 난 지금 엄마로부터 가장 많은 말을 배우고 있는 중이니까 엄마가 날 많이 도와주어야 해요.

나쁜 말을 대신해서 감정을 잘 표현할 수 있는 그런 말들이 있을까요? 엄마가 그런 말들을 나한테 직접 사용해 보는 것도 좋을 것 같아요. 예를 들면 "엄마 화났다!"라든가 "이런!" 같은 말들 말이죠.

야단치기보다 평소 생활에서 건전한 역할모델이 되어주세요

아이들은 모방을 통해 많은 것을 학습합니다. 좋은 것이든 나쁜 것이든 흥미롭게 관찰하고 따라 하죠. 아기일 때는 화가 나거나 짜증이 나도 울어버리면 그만이었지만, 이젠 그런 감정을 말로 표현하고 싶은 욕구를 갖게 됩니다. 물론 아이 입에서 욕이 튀어나오면 깜짝 놀라 얼른 고쳐줘야겠다는 생각으로 버럭 야단을 치기도 하는데, 그러면 오히려 나쁜 습관으로 강화될 위험이 있습니다.

부드럽지만 분명하게 쓰면 안 되는 말이라는 점과 대안이 될 만한 표현을 알려주세요. 아이 앞에서 찬물도 못 마신다는 말은 그냥 있는 말이 아니랍니다. 무심코 하는 부모의 행동이 아이에게 지우기 힘든 습관과 흔적을 남길 수 있다는 점을 꼭 기억하세요.

하루 종일 텔레비전만
보고 싶어요

엄마, 동물들 나오는 비디오
보고 싶어요! 사자한테서 도망치는
얼룩말 나오는 거요.
빨리 보여주세요, 빨리요,
네?

화들짝

우와아아아 왕
테레비~!

109

엄마가 텔레비전을 켜셨어요. 나도 볼래요! 동물들이 나오는 프로그램이 제일 재밌고 좋아요. 하지만 꼭 그게 아니라도 난 뭐든지 볼 수 있어요. 텔레비전 속에는 전에 내가 보지 못했던 신기하고 재미난 것들이 가득해요. 물론 내가 이해할 수 없는 것투성이지만 말예요.

그래서 이해가 될 때까지 같은 프로그램을 보고 또 보고, 질리도록 계속 본답니다. 무슨 일이 벌어지고 있는지 알아내야 하거든요. 난 텔레비전을 볼 때는 다른 일은 아무것도 할 수가 없어요. 그저 멍하니 텔레비전만 뚫어져라 바라보게 돼요.

텔레비전에 대한 규칙이 필요해요. 우리 같이 봐요

나 혼자 텔레비전을 보게 하지 말아주세요. 혼자 텔레비전을 보게 되면 궁금한 게 생길 때마다 내 질문에 답해 줄 사람이 아무도 없잖아요. 난 궁금한 게 너무 많단 말예요.

엄마 엄마, 텔레비전에서 지금 곰이 꿀을 먹고 있어요. 근데 곰이 왜 꿀을 먹는 거죠? 그럼 벌들이 곰을 침으로 마구 쏠까요? 침에 쏘이면 곰은 아프지 않나요? 벌들이 나도 침으로 쏠까요?

텔레비전을 보면서 난 참 많은 걸 배워요. 맛있는 과자나 아이스크림, 엄마 아빠한테 꼭 사달라고 하고 싶은 장난감들, 또 다치거나 아픈 사람들에 대해서도 배우죠. 여러 동물들에 대해서 배우기도 하고 서로 나눠야 한다는 것도 배워요.

하지만 아직은 나 혼자 텔레비전을 보면 뭐가 좋고 뭐가 나쁜지 구별할 수가 없답니다. 그러니까 엄마가 내 옆에 앉아 같이 보면서 지금 보고 있는 게 무엇인지 얘기해 주면 좋겠어요. 그러면 나도 세상에 대해 많이 배울 수 있을 것 같아요.

때론 텔레비전을 과감하게 꺼주세요

텔레비전은 정말 재미있어요. 텔레비전에 나오는 것들은 색깔도 화려하고 온갖 재미있고 시끄러운 소리들로 가득하거든요. 내가 보기엔 엄마도 텔레비전을 좋아하는 것 같아요. 어떤 때는 엄마가 텔레비전을 너무 열심히 봐서 내가 불러도 잘 모르잖아요. 엄마가 바쁠 때면 텔레비전을 켜곤 나보고 혼자 보고 있으라고도 하고요.

그런데 엄마, 난 미끄럼틀도 타고 공놀이도 하고 내 자동차도 타고 싶어요. 또 엄마랑 같이 그림책도 보고 싶답니다. 하지만 텔레비전이 켜져 있으면 난 그런 것들을 까맣게 잊어버리거나 할 시간이 없어져 버려요.

엄마, 우리 이렇게 해요. 아침에 일어난 다음에 내가 제일 좋아하는 프로그램을 보고 나서 텔레비전을 끄는 거예요. 물론 처음에는 텔레비전을 끄면 큰 소동이 벌어질지도 몰라요. 특히 그동안 오랜 시간 텔레비전을 보는 데 익숙해져 있다면 더더욱 떼를 쓸 수도 있겠지요.

그렇지만 텔레비전을 잊어버려야 하니까 대신 장난감 기차 늘어 놓는 걸 도와주세요. 아니면 엄마가 샐러드 만드는 거 돕게 해주서 도 좋아요. 그러고 보니 그동안 텔레비전 보느라 정신이 없어서, 다른 일들엔 너무 소홀했던 것 같아요. 엄마, 이젠 텔레비전 말고 다른 여러 가지 일을 하면서 노느라 바쁠 수 있게 도와주세요.

텔레비전처럼 중독성 강한 매체는 주의를 기울여야 합니다

텔레비전 같은 영상 매체는 매우 강한 시청각적 자극을 주므로, 이에 노출되면 금세 흥미를 보이고 또 쉽게 빠질 수 있습니다. 물론 최근엔 좋은 교육용 영상 매체들이 많아, 텔레비전을 교육적으로도 잘 활용할 수 있지요. 하지만, 텔레비전이나 DVD에 익숙해지면, 그보다 순한 자극에는 쉽게 반응하지 않을 뿐만 아니라, 어린 나이에 매일 장시간 텔레비전을 혼자 볼 경우 심각하게는 유사자폐 증상이 나타날 수도 있답니다.

지금은 양방향으로 상호작용을 하여 직접 몸으로 부딪쳐 많은 것을 배워야 하는 시기입니다. 텔레비전 같은 일방적 상호작용 매체에 너무 길들여지지 않도록 노출 빈도나 시간을 각별히 제한하고, 너무 이른 시기부터 텔레비전을 접하지 않도록 신경 써주세요.

대체 왜 쓴 약을 먹어야 하나요?

난 특별히 좋아하는 맛이 있어요.
또 싫어하는 맛도 있고요.
엄마, 난 약이 싫어요. 너무 쓰고
이상하단 말예요. 그런데 왜
자꾸 먹으라고 하는 거죠?

슝------

다   다
다 다
  다 다
    다다

엄만 내가 이상한 색깔의 약을 먹기를 바라지만, 그 약은 냄새도 맛도 정말 고약해요. 싫어요! 절대 먹지 않을 거예요! 뭘 먹을지는 내가 결정할 거라고요. 입을 꼭 닫고 절대 벌리지 않을 거예요.

어쩌다가 엄마가 내 입에 쓴 약을 밀어 넣는다고 해도 난 다시 뱉어내고 말 거라고요. "퉤퉤퉤!" 도대체 이 약은 왜 그렇게 쓰고 맛이 없는 거죠?

맛있게 약을 먹을 수 있는 방법은 없을까요?

엄마, 나 몸이 뜨거워요. 아픈 것 같아요. 아프면 약을 먹어야 하는 거죠? 약 먹기 싫어요. 맛이 너무 써서 더 아픈 것 같거든요. 내가 약을 쓰다고 안 먹으려고 하면 엄마는 하나도 안 쓰다고 하면서 먹여요. 엄마 말대로 안 쓸지도 모른다고 생각하면서 억지로 약을 받아먹으면, 역시나 맛이 엄청 써요.

그럴 때는 차라리 솔직하게 말해 주세요. 약이 쓰고 맛없을 수도 있다고요. 그렇지만 내가 많이 아파서 약을 먹어야 한다고도 말해 주세요. 먹지 않으면 아픈 게 낫지 않을 거란 말도요. 맛을 좀 더 맛있게 만들어보는 방법을 찾아보겠다는 말도 해주면 좋겠어요.

의사 선생님이나 약을 만드는 회사에 다니는 아저씨들은 쓴 약을 쉽게 먹을 수 있는 좋은 생각이 있을지도 몰라요. 맛이 좋은 약을 알고 있을지도 모르고요. 그 아저씨들한테 난 아이스크림이나 요구르트 또는 사과 주스 같은 맛이 나는 걸 먹기 좋아한다고 말해 주세요. 그럼 어쩌면 의사 선생님이 약을 먹을 때 요구르트랑 같이 먹어도 좋다고 허락하실 수도 있잖아요.

약 먹기 전에 아이스크림을 하나 먹으면 어떨까요? 입안이 차갑고 얼얼하면 약의 쓴맛을 못 느낄지도 모르잖아요. 아니면 약을 먹을 때 엄마가 내 코를 꼭 쥐고 있는 거예요. 냄새를 잘 맡지 못하면 약 맛을 제대로 느끼기 어렵거든요.

약을 먹고 나서 입안의 쓴맛을 없애기 위해 마실 주스나 달콤한 맛이 나는 사탕이나 캐러멜 같은 게 필요할지도 몰라요. 약을 먹은 다음에도 내 입안에는 여전히 쓴맛이 남아 있을 테니까요.

🚐 왜 내가 꼭 약을 먹어야 하는지 알려주세요

왜 약을 먹어야만 하는지 이해할 수 있다면, 약을 먹어야 한다고 생각할지도 몰라요. 그렇다고 내가 약을 좋아하게 되었다는 뜻은 아니에요. 엄마가 "네가 머리에 열이 나고, 뭘 삼킬 때마다 목이 따끔따끔 아프잖니. 하지만 이 약을 먹으면 머리랑 목 아픈 게 훨씬 나아질 거란다."라는 말을 해주세요.

약을 먹고 내가 아픈 게 나아졌더라도 다음번에 또 아파서 약을 먹어야 할 때가 되면, 그때 역시 약을 안 먹는다고 할 것 같아요.

왜냐하면 난 시험해 볼 필요가 있거든요. 엄마가 약을 주실 때마다 순순히 약을 받아먹어야 하는 건지, 아님 안 먹는다고 떼를 쓰고 나면 혹시 이번엔 먹지 말라고 내버려둘지 확인해 봐야만 한답니다.

진짜로 꼭 약을 먹어야만 하는 거라면 어떻게 먹을지는 내가 선택할 수 있게 해주세요. 음, 어디 볼까요? 오늘은 사탕 하나를 먹고 나서 약을 먹은 다음 주스를 마시면 좋을 것 같아요. 괜찮죠?

솔직하게 말해 주고 적극적으로 개선 방법을 찾아주세요

아이를 키우다 보면 때론 싫어도 밀어붙여야 할 때가 있습니다. 특히 주사나 약처럼 건강과 관련된 문제라면 양보할 수 없지요. 그럴 때 부모는 "하나도 안 아파.", "하나도 쓰지 않아." 같은 말로 아이에게 잘못된 정보를 주는데, 이런 방법은 신뢰 관계를 흔드는 작은 틈을 만들 뿐입니다. 다음번에 비슷한 상황에서 아이는 엄마 아빠의 말을 믿지 않으려 할 테니까요. 시간은 더 걸릴지 몰라도 솔직하게 이야기해 주고, 긍정적인 면을 강조해서 이해시켜 주세요.

또 최근엔 쓴맛을 줄이고 달콤한 향이나 맛을 첨가한 약들도 많지만, 그렇지 않다면 의사와 상의해 약효를 떨어뜨리지 않는 선에서 쓴맛을 누르며 함께 먹일 만한 먹거리를 상담해 보는 것도 좋은 방법입니다.

약은 무척이나 맛이 써요.
그래도 먹고 나니까
몸이 뜨겁고 아팠던 게
점점 나아지는 것 같아요.
고마워요, 엄마!

Part 04

세 살짜리가 감당하기엔
어려운 일들이 많아요

어떤 때는 엄마가 날 아기처럼 대하는 게 싫지만, 때론 엄마가 나를 다 큰 아이처럼 대하는 것도 당황스럽답니다. 난 아직 엄마 아빠랑 떨어져 지내기 싫어요. 물건을 양보하는 것도 너무 어려운 일이랍니다. 엄마를 따라서 이리저리 바쁘게 하루를 보내는 것도 너무 힘들기만 하고요!

첫 번째
에피소드

엄마 아빠랑 떨어지기 싫단 말예요

아기처럼 구는 게 아니에요!
엄마 아빠가 나를 떼어놓고
가서 다시는 돌아오지 않을 것
같아서 불안하단 말이에요.
엉~ 엉~.

철
철

흥건

120

내가 아무리 어린이집에 있는 장난감들을 좋아한다고 해도 엄마가 나만 두고 가는 건 너무 무서워요. 그래서 엄마한테 날 두고 가지 말라고 사정하며 우는 거예요. 또 잠깐만 나갔다 온다며, 나를 다른 사람한테 맡기는 것도 너무너무 싫어요. 윤주 이모나 할머니 할아버지가 싫어서 그러는 게 아니라, 그저 엄마랑 아빠가 더 좋은 것뿐이랍니다.

헤어질 때 엄마한테 뽀뽀를 자꾸자꾸 더 해달라고 조르는 이유도 사실은 엄마가 좀 더 오랫동안 내 옆에 있었으면 하는 마음이에요. 사정하며 징징거리는 건 안 통해도 뽀뽀를 더 해달라고 하면 적어도 몇 분은 더 오래 엄마를 내 옆에 있게 할 수 있거든요.

그러다 엄마가 진짜 가버리고 나면 한동안 서럽게 울게 돼요. 하지만 한참 울고 나면 곧 마음이 조금은 편안해져요. 난 엄마랑 떨어져 생활하는 법을 아주 천천히 배워가고 있는 중이에요. 엄마랑 헤어져도 아주 날 떠나버리는 게 아니라 낮잠 자고 나면 다시 엄마를 만날 수 있다는 사실도 이제 알게 됐거든요.

엄마, 아직도 날 사랑하는 거 맞죠?

엄마, 과자 주세요! 책 읽어주세요! 날 좀 봐요! 나한테 관심 좀 가져주세요. 엄만 이젠 더 이상 날 예전처럼 사랑하지 않는 거죠?

날 어린이집에 보내거나 다른 사람에게 맡기기 시작하면서 난 슬슬 불안해지기 시작했어요. 엄만 예전에 비해 점점 더 나하고 안 놀아주잖아요. 집에 있을 때도 나한테는 관심도 없고, 집 안 여기저기를 바쁘게 돌아다니기만 하고요. 어쩌다 잠시 나를 바라볼 때도 "안 돼!"라는 말만 하잖아요.

엄마, 난 느닷없이 벌어지는 일들은 별로 좋아하지 않아요. 어떤 일이 벌어질지 미리 알고 있어야 안심이 돼요. 그리고 내가 엄마한테 중요한 존재라는 것에 대한 확신이 필요해요. 엄마 대신 날 돌봐줄 사람이 오기 전에 이따가 저녁에 엄마가 잠시 외출을 할 거라고 꼭 말해 주세요.

또 엄마가 없는 동안 윤주 이모가 저녁을 차려 줄 거고 씻는 것도 도와주고 잠자리에서 책도 읽어줄 거라고 말해 주세요. 그리고 엄마가 집에 돌아왔을 때 내가 잠들어버렸더라도 내 방에 와서 날 사랑한다고 세 번 말해 줄 거라는 사실도요.

또 엄마가 지갑 속에 내 사진을 항상 가지고 다닌다는 걸 보여주면 어떨까요? 그럼 엄마랑 떨어져 있을 때도 내가 늘 엄마랑 함께 있게 되는 셈이잖아요. 엄마 사진도 저한테 주세요. 그럼 엄마랑 떨어져 있을 때도 엄마 사진을 보면 엄마가 언제나 내 곁에 가까이 있는 것처럼 느껴질 것 같아요.

🚗 헤어질 때 엄마가 불안해하면 난 더 불안해져요

엄마, 왜 화가 나셨어요? 뭐가 잘못되었나요? 날 돌봐줄 이모가 뭘 잘못하기라도 한 건가요? 엄마가 기분이 안 좋으면 나도 기분이 나빠져요. 또 엄마가 불안해하면 난 더 많이 불안해진답니다.

날 맡길 땐 내가 잘 지낼 수 있을 만한, 재미있는 게 많이 있는 곳을 찾아주세요. 또 나 같은 세 살짜리 아이들을 좋아하는 어른도 있어야겠죠? 엄마가 기분이 좋고 편안해 보이면 엄마 없이도 잘 지낼 수 있을 것 같은 자신감이 생겨요. 그러니까 불안한 모습을 보이시면 안 돼요. 알았죠?

🐑 돌봐줄 사람만 믿고 날 무턱대고 맡겨선 곤란해요

엄마, 오늘 저녁에 외출해야 해서 윤주 이모가 날 봐주러 온다고요? 그렇다면 이모가 오기 전에 날 꼭 안아주는 건 어떨까요?

또 이모가 내 새 기차를 아직 보지 않았다는 걸 귀띔해 주세요. 그럼 엄마가 옷을 갈아입고 화장을 하면서 나갈 준비를 하는 동안 내 기차를 이모한테 자랑할 수 있잖아요. 또 이모를 조금만 일찍 오라고 해서 엄마가 떠나기 전에 몇 분이라도 엄마랑 이모랑 나랑 이렇게 우리 셋이 함께 있는 시간을 만들어주면 좋을 것 같아요.

또 만약 새로운 이모한테 날 봐달라고 부탁해야 하는 경우에는 나랑 먼저 친해질 기회를 주셔야 해요. 잘 모르는 사람이랑 나만

달랑 남겨두고 가는 건 정말 무섭고 싫단 말예요. 새 이모랑 친해지려면 시간이 필요하니까 적어도 한두 번 정도는 미리 얼굴을 익혀두어야 한답니다.

새 이모는 내가 좋아하는 게 뭔지 잘 모를 테니까 우리가 평소에 어떻게 시간을 보내는지, 또 내가 좋아하는 게 뭐고, 뭘 무서워하는지 이모한테 살짝 알려주세요.

🛵 매일 똑같이 짧지만 달콤한 작별의식을 해주세요

난 매일매일이 달라서 헷갈려요. 어떤 날은 엄마가 어린이집 교실 앞까지만 날 데리고 가서 작별 인사를 해요. 하지만 어떤 날은 교실에 같이 들어가서 내가 그린 그림들을 보면서 작별 인사를 하죠. 또 어떤 때는 선생님하고만 몇 마디 나눈 후 나한테는 작별 인사도 없이 갈 때도 있어요.

그러다 보니 오늘은 엄마가 어떤 작별 인사를 하고 갈지 잘 몰라 괜히 불안해져요. 매일 같은 방법으로 작별 인사를 하면 좋겠어요. 이러한 규칙들은 내 마음을 안정되고 편안하게 만들어주거든요. 그럼 조금 시간이 지나면 엄마가 돌아올 거라는 것도 더 확실히 믿을 수 있게 돼요.

헤어지기 전에는 나한테 세 번 뽀뽀하고 또 세 번 꼭 안아주세요. 세 번씩이어야 하는 건 내가 세 살이기 때문이에요. 그리고 날 사랑한다는 말도 꼭 해주세요. 그런 다음 이제 진짜로 엄마가 가야 할 시간이라고 말해 주세요.

몹시 바쁜 것처럼 "엄마 이제 간다. 알았지?"라고 툭 던지듯 말하지 말아주세요. 그건 마치 나한테는 그 어떤 선택권도 없다는 뜻 같거든요. 대신에 오늘은 작별 뽀뽀와 포옹을 두 번 할 건지, 아니면 세 번 할 건지를 물어봐 주세요. 오늘은 뽀뽀 네 번이랑 네 번 꼭 안아주는 걸로 할래요! 마지막으로 "잘 지내고 있어. 너무너무 사랑해!"라고 말한 다음 천천히 걸어 나가시면 돼요.

🦁 씩씩하게 굴고 싶지만, 뜻대로 안 될 때도 있어요

엄마, 내가 다른 날보다 더 징징대면서 애원하거나 울면, "오늘따라 어린애처럼 대체 왜 이러니?"라고 말하지 말고, 엄마와 떨어지기 싫은 내 마음을 엄마도 잘 알고 있다고 다정하게 말해 주세요. 날 많이 사랑하고 또 이따가 꼭 데리러 올 거라는 것도요. 내가 더 많이 뽀뽀해 달라고 조르면, 엄마가 다시 데리러 올 때 더 많이 해줄 거라고 말해 주세요.

사실 엄마가 오래 머물러 있을수록 난 엄마를 더 붙잡아두고 싶어져요. 그러면 엄마가 떠난 후에도 안정을 되찾는 데 시간이 좀 더 오래 걸린답니다. 내가 너무 슬퍼하는 날은 선생님과 함께 창문에 서서 멀어져가는 엄마한테 손을 흔들어보는 것도 좋겠어요.

절대 나 몰래 가버리면 안 돼요

엄마, 내게 작별 인사 없이는 절대로 그 어디로도 가지 말아주세요. 어떻게 그렇게 슬쩍 날 버려두고 갈 수 있나요? 그럼 다음번엔 어떤 좋은 이모가 온다고 해도 절대 같이 안 놀고 엄마 다리에만 껌처럼 찰싹 들러붙어 있을 거예요. 내가 노는 데 정신이 팔려 있더라도 작별 인사는 꼭 해야 해요. 혹시 내가 잠을 자고 있을 때라도 마찬가지랍니다. 자다가 깨어났을 때, 엄마도 아빠도 내 곁에 없으면 정말 너무너무 무섭거든요.

엄마랑 떨어지기 싫은 아이의 속마음부터 어루만져 주세요

아이를 어린이집이나 다른 사람에게 맡길 때마다 엄마와 떨어지기 싫어하는 아이와 잠시 전쟁을 치러야 합니다. 애착관계가 잘 형성되면 이 시기에는 엄마와 잠시 떨어져 있어도 큰 불안 없이 잘 지낼 수 있습니다. 하지만 그렇다곤 해도 엄마와 떨어지는 순간에는 불안과 불만을 표출할 수 있어요.

이별 과정이 귀찮아서 아이가 안 볼 때 몰래 빠져나가는 부모님들이 있는데 이는 좋은 방법이 아닙니다. 엄마와 헤어지기 싫은 건 아이로서는 너무나 당연한 감정이므로 아이 마음을 먼저 헤아려 주세요. 또 일정한 작별의식을 정해 곧 돌아올 거라는 믿음이 아이에게 전해질 수 있도록 배려해 주세요.

식사 시간은 너무 괴로워요

제발 한 숟가락만 더 먹자.
식사 시간엔 기차 가지고
놀면 안 돼.
우리 서진이 착하지!
빨리 먹고 놀자!

자, 아~

딴청

치치 포포—

엄마는 밥상 앞에 얌전히 앉아서 밥을
먹어야 한다고 해요. 하지만 난 장난감 자동차
들을 차례차례 주차시켜야 하고, 또 소방차로 불도 꺼
야 한단 말예요. 난 지금 하나도 배고프지 않다고요!

식사 시간이 끝나고 엄마한테 조금만 징징대고 조르면 내가 좋
아하는 과자를 주실 텐데, 왜 지금 밥을 먹어야 하나요? 그리고 왜
식사 시간에는 모두 함께 앉아서 먹어야만 하는 건데요?

🍘 배가 고파져야만 먹는 데 집중할 수 있어요

저녁식사를 하기 전에 배가 약간 고파져요. 그때 배가 고프다고
칭얼거리면 엄만 내게 약간의 간식을 주죠. 그럼 정작 식사 시간이
되면 배가 하나도 안 고파져요.

배가 고프지 않을 땐 밥상 앞에 얌전히 앉아서 밥 먹기가 정말
힘들어요. 그럴 때 엄마가 억지로 날 앉혀놓으면 난 밥 먹기 싫어서
음식을 가지고 장난을 치기 시작하죠. 안 그럼 뭐 달리 할 일도 없
거든요.

그래서 말인데요, 간식을 주시려면 차라리 조금 더 일찍 주시면
어떨까요? 그럼 식사 시간 전에 다 소화시키고 다시 배가 고파질 테
니까요. 어때요, 좋은 생각이죠?

🚌 음식 먹는 것에 대해 너무 강요하지 말아주세요

엄마, 음식을 뭘 먹을지, 또 얼마만큼 먹을지는 내가 결정하게 해주세요. 난 내 몸이 나에게 전하려 하는 말을 귀담아 듣는답니다. 왜냐하면 난 본능에 충실한 나이거든요. 그래서 난 배가 고픈지 아니면 배가 부른지 알 수 있어요. 이제 난 배가 부른데도 엄마가 계속 더 먹으라고 강요하면 안 먹겠다고 강하게 말할 거예요. 그럼 엄마는 몹시 화가 나겠죠.

난 엄마를 정말 사랑해요. 먹는 것 때문에 엄마랑 서로 인상 쓰면서 실랑이하고 싶지 않아요. 내 입으로 들어가는 것들에 대해선 나도 어느 정도 결정할 권리가 있다고 생각해요. 어떤 날엔 김이 너무 맛있어서 밥을 좀 많이 먹어요. 하지만 또 다른 날에는 그냥 배가 별로 고프지 않을 뿐이에요. 왜 그런 건지는 나도 잘 모르겠어요.

또 한 가지 부탁하고 싶은 건 제발 내 접시에 너무 많은 음식을 한꺼번에 담지 않았으면 좋겠다는 거예요. 너무 많은 음식을 보면 먹기도 전에 질려버리고 말거든요.

🐸 간식 시간까지 기다리게 해주세요

사실 난 밥보다 간식이 훨씬 더 좋아요. 달콤한 쿠키, 사탕, 바나나, 요구르트는 내가 제일 좋아하는 것들이에요. 그래서 식사 시간에 밥은 조금만 먹고 내 장난감 기차가 잘 있는지 보러 갔다가 엄마가 와서 밥 먹으라고 하면 억지로 또다시 밥상 앞에 앉곤 해요.

하지만 난 전혀 밥 생각이 없기 때문에 밥이나 반찬들을 갖고 장난을 치게 돼요. 그럼 엄마는 "서진아, 장난치지 말고 여기 밥 다 먹어야지."라고 말씀하실 테지만, 난 안 먹을 거예요. 왜냐하면 식사 시간 끝나고 조금 지나 배고프다며 징징대면서 엄마한테 내가 좋아하는 것들을 간식으로 달라고 조를 테니까요.

엄마, 진짜 밥을 맛있게 잘 먹기를 원하시면 적어도 한 가지 음식이라도 내가 정말로 좋아하는 것을 주셨으면 좋겠어요. 어른들은 내가 보기엔 모양이나 냄새, 맛이 아주 이상해 보이는 음식들도 잘 먹더라고요. 하지만 난 그런 것들이 너무 싫거든요. 어떤 것들은 냄새만 맡아도 싫고, 입 근처에 닿기조차 싫은 음식들도 있어요.

밥을 다 먹고 난 뒤에 뭘 할지는 내가 결정하게 해주세요. 밥을 다 먹지 않았다면, 그 다음 간식 시간 때까진 아무리 배가 고파도 어떤 음식도 줄 수 없다는 걸 알려주세요.

즐거운 식사 시간이 되도록 도와주세요

난 엄마랑 함께 있는 게 좋아요. 그런데 식사 시간에는 엄마가 텔레비전만 뚫어지게 보거나 전화를 받으러 왔다 갔다 하시고, 아빠도 스마트폰만 보고 계시면 난 엄마 아빠한테 아무 관심도 받지 못하고 있다는 생각이 들어서 속상해요.

내가 가만히 앉아서 밥 먹기를 원한다면 모두 자리에 앉아주세요. 우리 가족 모두가 한자리에 앉아 있어야 해요. 오늘 밖에서 봤던 강아지에 대해 말하고 싶거든요. 또 어린이집에서 불었던 비누 거품 얘기도 하고 싶어요.

저녁식사 시간을 우리 가족들만의 특별한 시간으로 만들고 싶다면 거기에 나도 꼭 끼워주셔야 해요. 우리 가족 모두가 함께 있을 때 난 마음이 편안해지고 행복해진답니다.

평생 건강을 책임질 좋은 식습관은 어린 시절에 시작돼요

아이의 활동이 왕성해지면서 제때 밥을 먹이는 것도 걱정거리입니다. 놀이든 책이든 뭔가에 정신이 팔려 있는 아이를 밥상 앞으로 불러들이는 것도 힘 빠지는 일인데, 아이는 먹을 생각도 안하고 음식으로 장난만 칩니다. 차라리 수유하던 시절이 그립다는 생각이 잠시 들지도 모릅니다.

먹기 싫다고 도망가는 아이 뒤로 숟가락을 들고 쫓아다니며 강제로 떠먹이는 건 나쁜 식습관이나 섭식 문제를 부추길 수 있습니다. 식사 시간을 즐거운 시간으로 인식할 수 있게 도와주세요. 식사와 간식에 대한 규칙도 필요 하고요. 어린 시절 잘못 형성된 식습관은 성장해서도 영향을 미칠 수 있다는 걸 꼭 기억하세요.

이걸 쟤랑 나눠 가지라고요?

내 장난감을 가져가는 건
내 일부를 가져가는 거랑
똑같단 말예요.
어떻게 그럴 수 있죠?

칫—
내 건데……

내 생일선물로 삼촌이 덤프트럭을 사주셨어요. 고모는 소방차를 선물로 주셨고, 할머니는 온갖 종류의 트럭들이 나와 있는 그림책을 주셨죠. 모두 다 나만을 위한 특별한 선물이에요. 가족들은 모두 요즘 내가 트럭에 푹 빠져 있다는 걸 잘 알고 있거든요.

"앗, 안 돼!" 글쎄 내가 엄청 공들여서 트럭들을 한 줄로 세워놓았는데, 서연이가 내 트럭을 건드리지 뭐예요. 난 매우 화가 났어요. 얼마나 신경 쓴 거라고요. 그래서 "안 돼!"라고 소리쳤죠. 그런 다음 손으로 서연이를 홱 밀치면서 "내 거야!"라고 말했어요.

이렇게까지 했는데도 안 가고 계속 만지면 결국 걔를 때리게 돼요. 이것들은 내 장난감들이란 말예요. 누구든 맘대로 건드리는 건 싫어요. 난 이제 세 살이고 다른 사람들과 다른 독립적인 한 사람으로서 나 자신을 보여주는 데 많은 에너지를 쓰고 있거든요. 내가 가진 것들은 내가 누구인지를 나타내는 데 큰 도움이 된답니다.

엄만 이제 본격적으로 소유의 기쁨에 눈을 뜨게 된 나를 보고 있는 거예요. 난 내가 원하는 것이면 일단 무조건 움켜잡고 봐야 해요. 어린이집의 장난감도 놀이터의 미끄럼틀도 다 내 거예요. 내 소유 방식은 아직 너무 미숙하고 이기적이어서 다른 아이들과 함께 나누며 노는 게 힘듭니다. 일단 내가 먼저 만족스러울 만큼 충분히 갖고 논 다음에 그때 다른 아이들과 같이 나누며 놀지 말지 생각해 보면 안 될까요?

🎩 세 살짜리에게 나눠 쓰기는 어려운 문제랍니다

제발 내 장난감들을 친구랑 사이좋게 갖고 놀라고 강요하지 말아 주세요. 엄마가 내 덤프트럭을 진수랑 교대로 가지고 놀라고 하면 기분이 나빠지고 나도 모르게 화가 나요. 지금은 내가 갖고 놀고 있잖아요. 나도 아직 충분히 갖고 놀지 못했단 말예요.

엄마가 내 장난감을 다른 아이와 함께 나누라고 하면 마치 장난 감을 빼앗긴 느낌이 들어요. 아직은 친구와 함께 나누더라도 그 장 난감이 여전히 내 거라는 사실이 변하지 않는다는 걸 확신하지 못 하거든요. 그건 내가 아직 세 살이라서 그런가 봐요.

이렇게 말해 주면 어떨까요? "네가 트럭을 가지고 신나게 놀고 있는 거 엄마도 다 알아. 그런데 진수도 트럭을 가지고 놀고 싶은 가 보다. 네가 다 갖고 논 다음에는 진수도 갖고 놀 수 있게 해주겠 니?"라고요. 또 내가 아끼는 장난감들을 모두 담을 수 있는 나만의 특별한 장난감 상자도 갖고 싶어요.

준이나 지섭이 같은 친구가 우리 집에 놀러 올 때는 각자 자기 장 난감을 가지고 오면 좋겠어요. 그럼 우린 각각 자기 장난감들을 가 지고 놀 수 있잖아요.

만약 내 친구 지섭이가 자기 경찰차를 내가 갖고 놀 수 있게 해줄지도 모르고, 또 그럼 나는 내 소방차를 잠깐 지섭이에게 빌려줄지도 모르죠. 하지만 그런 일이 언제나 쉽고 자연스럽게 이루어지는 건 아니에요. 친구와 싸우지 않고 사이좋게 놀려면 엄마의 도움이 필요해요.

엄마, 만약 누가 내 소방차를 가지고 놀 것인지를 두고 나와 지섭이가 심하게 다투기라도 한다면 얼른 엄마가 나서서 말려주셔야 해요. 우리 둘 다 화를 주체하지 못해 서로 물고 꼬집다가 크게 다칠 수도 있거든요. 우린 아직 감정을 잘 조절할 수 없답니다.

답답하고 좁은 장소에만 있으면 더 자주 싸움을 하게 될지도 몰라요. 차라리 우리가 마음껏 뛰어놀 수 있는 야외로 데려가 주시는 건 어때요? 함께 나눠 쓰는 갈등은 아무래도 집안에 있을 때 더 쉽게 발생하는 문제 같거든요.

🚙 친구랑 함께 갖고 노는 방법을 보여주세요

나도 다른 사람들과 함께 나누며 노는 것에 대해 배울 필요가 있긴 해요. 하지만 억지로 강요하기보다는 엄마나 아빠가 어떻게 놀아야 하는지 보여주면 배울 수 있을 것 같아요.

엄마가 망치를 이웃집 아줌마에게 빌려주는 걸 본 적이 있어요. 또 준이네 엄마는 가끔 과자나 떡을 나눠 주는데, 아줌마가 주시는 과자랑 떡은 진짜 맛있답니다.

누군가와 함께 나눠 쓴다는 건 어쩌면 기분이 좋아지는 일이라는 생각이 들어요. 어제 내가 진수에게 트럭을 가지고 놀라고 양보했을 때 진수가 무척 행복해했다고 엄마가 말해 주셨잖아요. 그러니까 어쩐지 내 기분도 좋아지는 거 있죠?

하지만 새로 사거나 최근에 선물로 받은 것들, 또 내가 특별히 아끼는 것들은 다른 애들이랑 함께 가지고 놀고 싶지 않아요. 그러니까 친구가 우리 집에 놀러오기 전에 미리 치워 두었으면 하는 것들이 있는지 물어봐 주세요. 또 함께 갖고 놀 만한 것들은 어떤 것이 있는지도 같이 이야기해 봐요. 내 생각에 놀이 점토나 스티커, 크레용 그리고 블록들은 같이 갖고 놀아도 될 것 같아요.

🐾 다른 애들이 느끼는 감정을 어떻게 알 수 있죠?

"그만! 준이한테서 놀이 점토를 빼앗으면 안 돼요. 넌 갖고 놀 장난감들이 많잖니.", "안 돼! 친구를 밀면 안 돼요. 지금은 현지가 미끄럼틀을 탈 차례잖아."

다른 아이들과 함께 있을 때면 왜 이렇게 자꾸 말썽을 부리냐고요? 사실 나도 내가 왜 자꾸 이런 행동을 하는 건지, 또 어떤 기분으로 그러는 건지 잘 모르겠어요.

가끔 내가 한 어떤 행동 때문에 다른 아이가 울기도 하는데, 난 그애가 왜 우는지 잘 모르겠어요. 난 그저 지금 당장 미끄럼틀이 너무 타고 싶었을 뿐이고, 그걸 단지 실행에 옮긴 것뿐이거든요.

엄마, 만약 이런 상황이 벌어진다면 다짜고짜 나를 야단 치기보다는 "네 친구 현지를 좀 봐라. 네가 미끄럼틀에서 밀어 다쳐서 울고 있잖니. 현지가 지금 어떤 기분일 것 같아?"라고 차분하게 말해 주세요. 그렇게 말해 줘도 내가 잘 이해하지 못하고 어려워하면 예전에 다른 친구가 날 밀어서 넘어뜨렸을 때 내가 어떤 기분이었는지 물어봐주면 도움이 될 거예요.

다른 사람들의 감정에 관한 이야기를 다룬 그림책을 읽어주시면 어떨까요? 자기 방 옷장 속에 괴물이 살고 있는 꼬마 아이는 기분이 어떨까요? 좋을까요, 슬플까요, 아니면 무서울까요?

우리 가족 중에는 어느 누구도 다른 사람을 밀거나 물거나 또는 때리지 않는다는 게 규칙이라는 것도 말해 주세요. 이런 것들은 모두 다른 사람들을 아프게 하는 행동들이고, 우리 가족은 그런 행동들을 하지 않는다는 걸 말이죠. 뿐만 아니라 다른 사람들이 우리를 때리거나 밀거나 하는 행동들 역시 허락하지 않을 거라는 것도요.

서로 물어뜯고 싸우는 것 말고 문제를 해결하는 좀 더 나은 방법들이 많다는 것도 가르쳐 주세요. 엄마, 난 아직 배워야 할 게 너무 많아요. 하지만 내가 잘못했다고 엄마가 소리를 지르거나 때리면서 야단을 친다면 내 반항심만 부추길 뿐, 엄마 말을 따르게 하는 데는 별로 도움이 되지 않아요.

조용한 목소리지만 단호한 태도로 옳지 않은 행동이라는 걸 알려주세요. 엄마가 아무리 타일러도 내가 잘 이해하지 못한다면, 어쩌면 아직은 친구들과 어울리며 서로 나누고 노는 일이 내게 조금 빠른 것일 수도 있답니다.

🐑 다른 사람에게 관심을 갖는 법을 알려주세요

슬플 때 엄마가 날 껴안아주면 기분이 좋아져요. 또 다쳤을 때 엄마가 뽀뽀해 주면 아픈 곳도 금방 낫죠. 엄마가 내 말에 귀를 기울이고 잘 대해 줄 때는 기분이 아주 좋아요.

나도 좋아하는 사람들이 속상해하거나 슬퍼할 때 내가 그들의 기분을 기쁘게 해주려고 애쓰다 보면 어쩐지 기분이 좋아지는 것 같아요. 어, 아빠가 슬퍼 보이네요. 내 친구 곰돌이를 드릴까요, 아빠? 내 곰돌이를 꼭 껴안고 있다 보면 기분이 금방 좋아질 거예요.

다른 사람들을 위해 뭔가 좋은 일을 할 때면 기분이 뿌듯하고 좋아져요. 어제는 아빠한테 배를 드시라고 갖다 드렸어요. 엄마랑 마트에 갔을 때, 아빠가 맛있게 드실 배를 샀거든요. 아빠를 기쁘게 해주기 위해 뭘 할지 생각할 때는 진짜 기분이 최고예요. 아빠 과일 중에서 배를 제일 좋아한답니다.

오늘은 엄마랑 같이 사과 파이를 만들어서 외숙모한테 갖다줄 거예요. 외숙모는 언제나 나한테 친절하고 다정해요. 내가 외숙모

네 집 마당에서 마음껏 뛰어놀 수 있게 해주시고요, 언젠가는 꽃씨를 선물로 주셔서 우리 집 베란다 화분에 심을 수 있게 도와주셨는데, 거기서 정말 예쁜 꽃이 피어났답니다.

이번엔 내가 외숙모를 위해서 뭔가를 해드릴 차례 같아요. 히야! 노릇하게 구워진 사과 파이 냄새가 정말이지 최고예요. 어서 엄마랑 함께 맛있게 구운 파이를 갖다 드리고 싶어요. 외숙모가 기뻐서 활짝 웃는 모습을 빨리 보고 싶거든요. 그런데 엄마, 그 전에 나 먼저 한 조각 먹어도 될까요?

소유욕이 충족되지 않은 상태에서 나눔을 강요하지 마세요

두세 살 아이들은 이제 막 소유의 기쁨과 희열을 배워가는 중입니다. 또한 세상의 중심이 자기라고 생각할 때지요. 자기 것을 나누는 게 힘들 뿐만 아니라, 남의 것도 자기 거라고 생각하고 싶은 나이랍니다.

우선은 소유의 기쁨을 충분히 만끽할 수 있게 해주는 것이 순서입니다. 소유욕을 충분히 채운 아이들은 일정 시기가 지나면 강요하지 않아도 자연스럽게 나누는 법을 터득하게 되니까요. 아직 아이는 다른 사람을 배려하는 능력이 발달되지 않은 상태입니다. 나누고 배려하기를 강요하지 말고 나누고 배려하면서 기쁨을 느끼는 모습을 아이가 볼 수 있게 해주세요. 부모는 가장 영향력 있는 역할 모델이랍니다.

네 번째
에피소드

억지로 같이 어울려 놀기 싫어요

어린이집에 가기 싫어요.
거기엔 날 때리고 장난감도 맘대로
빼앗아가는 애가 있단 말예요.
낯선 애들만 우글대는 데도 싫어요!
난 엄마가 늘 말하는 착한 아이지만,
걔네들은 별로 착한 아이 같지
않단 말예요.

찰 싹~

A

나는 친구가 우리 집에 놀러오는 게 좋아요. 친구 중에서도 윤서가 놀러오면 더 재미있어요. 우리 둘은 이 옷 저 옷을 입어보고는, 집안을 이리저리 뛰어다니기도 하고, 거울을 비춰 보며 막 웃기도 해요. 그러고는 입었던 옷을 다 던지고 다른 옷들을 뒤집어쓰고 놀아요. 정말 재미있어요.

엄만 날 가끔 준식이네 집에 데려가곤 해요. 준식이네 엄마랑 엄마는 친하니까요. 그런데 엄만 준식이네 엄마랑 친할지 모르지만 난 준식이가 정말 무섭고 싫어요. 특히 준식이가 날 때리고 내 장난감을 빼앗으려 할 때마다 너무 무섭단 말예요.

어제는 준식이가 날 때릴까 봐 무서워서 내 장난감을 그냥 줘버렸어요. 그러고는 억울한 생각이 들어서 소리 지르며 울기 시작했답니다. 난 "도와주세요. 준식이가 내 장난감을 빼앗아 갔어요!"라고 말하고 싶었지만 말이 나오지 않았어요. 그래서 할 수 없이 그냥 소리 지르며 울기만 했죠. 난 너무 힘없는 바보 같아요.

준식이 말고도 무서운 애들은 또 있어요. 엄마가 얼마 전 데려간 실내 놀이터에서 만난 아이들 중에도 내 장난감을 빼앗아가려고 한 애들이 있어요. 가끔 어른이 와서 친구 장난감을 빼앗아가는 건 나쁘다고 말하고 돌려주라고 해줄 때도 있지만, 그렇지 않을 때가 더 많답니다.

🚐 내 권리를 지킬 수 있게 도와주세요

엄마, 난 어떻게 해야 좋을지 잘 모르겠어요. 난 엄마 말대로 착하게 굴려고 노력하지만, 그건 별로 도움이 되지 않아요. 그래서 답답하고 속상해요. 어느 누구라도 내 장난감을 함부로 빼앗아가는 건 싫어요. 그건 소중한 내 거란 말예요.

다른 애들이 내 장난감을 빼앗아가는 걸 용납하지 않아도 된다는 사실을 알려주세요. 다른 아이가 내 걸 빼앗아가려고 할 때는 그 아이 눈을 똑바로 쳐다보면서 내 장난감을 꼭 잡고는 "안 돼! 이건 내 장난감이야!"라고 또박또박 말하라고 가르쳐주세요.

이런 상황에서는 모기 소리처럼 기어들어가는 작은 목소리보다는 적당히 크고 또렷한 목소리가 효과가 있다는 걸 보여주세요. 못되게 굴지 않고서도 강해질 수 있다는 걸 알려주세요. 이런 걸 배우는 건 좋은 것과 나쁜 것을 구별하는 데에도 도움이 돼요.

내 장난감을 다른 아이가 빼앗으려 하는 걸 보면 내게로 먼저 오셔야 해요. 장난감을 빼앗겨서 화가 난 사람은 바로 나니까요. 그런데 왜 저 아이가 관심을 받는 거죠? 난 어떻게 해야 하는지 누구 아는 사람 없을까요? 어른이 도와주지 않으면 난 내가 생각한 대로 할 거예요. 이건 어때요? 나도 똑같이 그애들을 때려주고 내 걸 찾아오는 거예요. 만약 그러길 원치 않는다면 다른 인형을 찾아서 그걸 주고 내걸 다시 찾아올 수도 있다는 걸 가르쳐주세요.

🏍️ 못된 애들과 같이 놀라고 강요하지 말아주세요

어떤 애들은 진짜 무서워요. 그러니까 그런 애들하고 내가 같이 있게 방치해 두면 안 돼요. 두려운 상황으로부터 벗어나려고 하는 건 잘못된 일이 아니라고 얘기해 주세요.

어떤 때는 내 자신을 지키기 위해 무모하게 맞서기보다 위험한 상황을 벗어나는 게 훨씬 안전하다는 것도 말해 주세요. 내가 나이가 들면 나하고 잘 맞을 것 같은 친구를 선택할 수 있고, 또 나쁜 애들과는 거리를 두는 법도 알게 되겠죠.

날 준식이네 집으로 데려가지 마세요. 준식이네 집으로 가지 말고 준식이랑 준식이 엄마랑 함께 공원으로 나가는 건 어때요?

🐭 난 아직 준비도 안 되어 있고 무섭기도 해요

엄마, 난 다른 아이들이 많은 데선 잘 놀지 못해요. 그런데 엄만 날 아이들이 많은 방에 남겨놓고는 알아서 놀라고 해요. 그러고는 다른 아줌마들이랑 신 나게 수다를 떨기 시작하죠.

하지만 난 이곳이 낯설어요. 어떤 곳인지도 잘 모르겠고요. 애들이 아무리 많이 있어도 외롭단 말예요. 날 혼자 내버려두지 마세요. 어쩐지 이곳에선 엄마 다리가 가장 안전한 곳 같아요. 그러니까 엄마 다리에만 찰싹 매달려 있을래요.

엄만 내가 다른 아이들처럼 가서 잘 놀기를 바라시죠. 왜 내가 엄마 옆에만 꼭 붙어 있는지 궁금하실 거예요. 음, 그건 말이죠, 우리가 그런 실내 놀이터를 갈 땐 매번 다른 곳을 가잖아요. 그래서 낯설게 느껴져서 그런 것 같아요. 처음 가는 곳은 모든 게 다 너무 새로운 것들뿐이라 낯설고 어색하거든요. 실내 놀이터를 가야 한다면, 한 곳을 정해놓고 계속 가면 좋겠어요.

엄마, 난 겨우 세 살이에요. 그리고 그런 덴 내가 모르는 것들로 가득하단 말예요. 지금은 내가 새로운 곳에 가서 쉽게 어울리지 못하는 게 엄마한테는 못마땅하게 보일 수도 있어요. 하지만 아마 내가 십대가 되면 잘 알지도 못하는 아이들과 무조건 어울리지 않고 신중한 태도를 보이는 모습이 오히려 자랑스러울 거예요.

낯선 곳에 데려가기 전날에는 내일 우리가 가는 곳이 어디고, 거기엔 어떤 사람들이 있는지 미리 말해 주세요. 그리고 사람들이 몰려오기 전 조용한 시간에 미리 가는 거예요. 나와 함께 그곳 여기저기를 둘러보고 거기에 있는 장난감들에 대해 이야기해 주세요. 어쩌면 가지고 놀기에 좋은 장난감을 찾게 될지도 모른답니다.

내가 엄마 곁에서 조금 떨어져 움직이는 동안에도 엄마는 그곳에 앉아 있어야 해요. 언제든 내가 엄마를 볼 수 있도록 내 시야를 벗어나면 안 돼요. 혹시라도 무슨 일이 일어날지 알 수 없기 때문에 엄마가 나와 가까운 곳에 꼭 있어주어야 한답니다. 어떨 땐 겁이 나도 엄마가 올 때까지 기다릴 수 있지만, 어떨 땐 막 소리 지르고 울면서 당장 엄마를 필요로 할지도 몰라요.

나 혼자 잘 놀 수 있기까지 그곳에 여러 번 더 가야 할 수도 있어요. 하지만 처음 갈 때보다는 그 다음 갔을 때 좀 더 익숙해질 거고, 매번 갈 때마다 조금씩 더 익숙해질 테죠. 그러곤 어느 날 드디어 엄마의 무릎에서 떨어져 나와 신 나게 놀게 될 거예요.

🐥 날 소심한 아이라고 부르지 말아주세요

난 '소심하다'라는 말을 좋아하지 않아요. 그게 무슨 뜻인지도 잘 모르지만요. 그런데 어쩐지 별로 좋은 말처럼 들리지 않거든요.

엄마가 "넌 단지 새로운 곳에 가면 좀 신중하게 확인하는 걸 좋아할 뿐이야."라고 내가 느끼는 기분을 엄마가 말로 대신 표현해 주면 좋겠어요. 그러고는 "너 혼자 놀 준비가 될 때까지 엄마가 옆에 있을 거야."라고도 말해 주세요.

다른 사람들한테도 똑같이 말해 주세요. 난 지금 각각의 장난감들이 어떻게 다른지 알아보는 중이고, 또 다른 아이들이 어떻게 노는지 꼼꼼히 관찰하는 중일 뿐이지, 소심한 게 아니라고요. 익숙한 우리 집이나 할머니 집에 있을 땐 내가 절대 소심하지 않다는 거 엄마도 잘 아시잖아요.

🌱 한 걸음씩 새로운 경험을 할 수 있게 도와주세요

난 나한테 익숙한 것들과 함께 있을 때 기분이 좋아요. 그것들에 대해선 전부 다 알고 있거든요. 그리고 아직은 친구 한 명과 같이 놀 때가 제일 좋아요. 하지만 생각해 보니 새로운 곳도 재미있을 것 같아요. 아람이네 집에선 피아노를 두드릴 수 있었고, 현우네 집에선 새끼 고양이도 봤어요. 그 친구들 집에 다시 가보고 싶어요.

엄마, 그보다 먼저 걔네들을 우리 집에 초대하면 어떨까요? 사실 난 우리 집이 가장 편안하고 좋거든요. 참, 그 전에 내가 아끼는 장난감 몇 개는 미리 숨겨놔야겠어요. 그래야 소중한 내 장난감을 친구들이 망가뜨리는 일이 없을 테니까요.

사회성도 친구 관계도 서둘지 말고 나아가야 합니다

낯선 아이들 속에 아이를 밀어넣고 아무 문제 없이 잘 놀기를 바라는 건 부모의 욕심입니다. 어른들도 낯선 모임에 처음 갈 때 쭈뼛거리듯, 아이도 함께 어울리기까지는 시간이 필요합니다. 또한 엄마끼리 친하다는 이유로 괴롭히는 친구와 억지로 어울리게 하는 것도 아이에겐 스트레스가 될 수 있지요. 자칫 서로 원하는 게 다를 때, 미숙한 언어표현력으로 인해 치고받는 행동으로 이어져 다칠 수도 있답니다. 자신의 권리를 짧은 어휘로나마 또박또박 이야기할 수 있도록 가르쳐주세요. 또 권리를 주장하는 건 절대 나쁜 행동이 아니라는 것도 함께요.

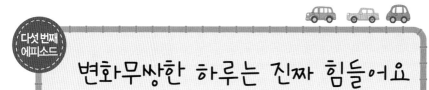

변화무쌍한 하루는 진짜 힘들어요

갑자기 목욕을 하자고요?
싫어요, 싫다고요!
지금 장난감 갖고 한창 재밌게
놀고 있단 말예요!

목욕하자~
영차~

헉

번쩍

147

난 고집불통 말썽쟁이가 아니에요. 단지 한창 신 나게 하고 있던 일을 당장 그만두고 다른 일을 해야 하는 게 너무 어려울 뿐이죠. 이럴 때마다 반드시 문제가 생기곤 한답니다.

엄마가 어떤 중요한 일을 한창 하고 있다고 상상해 보세요. 그런데 갑자기 거인이 나타나 엄마를 집어올려서는 욕실에 집어넣고 강제로 목욕을 하라고 하면 어떤 기분이 들 것 같아요?

나한테는 매일매일 이런 일들이 벌어지고 있어요. 이럴 때 내가 할 수 있는 유일한 행동은 소리 지르며 엄마로부터 벗어나기 위해 발버둥을 치는 것뿐이에요. 그런 행동을 한다고 해서 내가 목욕하기 싫다는 뜻은 아니에요.

사실 난 목욕하는 걸 아주 좋아해요. 때때로 엄마가 이제는 그만 욕조에서 나와 물기를 닦고 옷을 입어야 할 때라고 말하면 싫다고 반항하며 떼를 쓸 정도예요. 엄마, 난 단지 갑작스러운 변화가 싫을 뿐이에요. 하루에도 겪어야 할 변화들이 많이 있잖아요. 그런 변화들은 정말이지 날 너무 피곤하고 당황스럽게 만든답니다.

다른 일을 하기 전에 미리 예고해 주세요

다른 일을 하기 전에 미리미리 예고해 주면 어때요? 또 앞으로 어떤 일이 생길지도 알려주는 거예요. 내 옆에 앉아서 "뽀로로 노래와 춤이 끝나면 목욕할 시간이다.”라고 말해 주세요. 또는 “미끄럼틀을 두 번만 더 타고 나면 집으로 점심 먹으러 갈 거란다.”라고 말해 주세요. 그리고 미끄럼틀을 다 탈 때까지는 내 옆에 있어주세요. 그런 다음 집까지 나랑 경주해요.

엄마가 함께 있으면서 깨우쳐주면, 곧 다른 일을 해야 한다는 사실을 기억하는 데 도움이 돼요. 엄마가 옆에 없을 땐 금방 다음에 뭘 해야 하는지 잊어버리거든요.

목욕할 시간이 되면 오늘은 어떤 장난감 동물들과 함께 목욕을 할 건지 물어봐 주세요. 그럼 다른 건 다 잊어버리고 목욕에 대해서만 생각하게 될 테니까요.

가장 힘든 건 윤서네 집에서 한창 재밌게 놀고 있는데, 엄마가 이제 그만 집에 가자고 할 때랍니다. 진짜 재미있게 놀고 있었단 말예요. 그런데 엄마가 와서는 갑자기 가야 한다고 하는 거 있죠? 하지만 난 아직 갈 준비가 안 되었거든요. 떠나기 전에 시간을 두고 미리 말해 주세요. 얼마 있으면 집에 가야 하니 준비하라고요. 그리고 조금 더 지나서 이제는 정말 얼마 안 남았으니 슬슬 윤서와 장난감들에게 인사를 해야 한다고 얘기해 주세요.

엄마, 난 내가 하고 있던 일을 마저 다 끝낼 시간이 필요해요. 너무 재촉하지 말고 기다려 주면 안 될까요? 내가 다시 또 윤서네 집에 놀러 올 수 있다고 말해 주고, 윤서랑 윤서 엄마한테 작별 인사를 하게 도와주세요. 그리고 윤서네 귀여운 새끼 고양이 해피랑 조이한테도 인사를 하고 싶어요.

🚗 매일 해야 할 일들을 순서로 정해요

엄마, 매일 아침마다 짜증내며 난리법석이 벌어지는 데는 다 이유가 있어요. 아침이면 난 내 장난감들을 가지고 노느라 바쁘거든요. 그런데 엄마는 내 옆에 와서 앉은 다음 늦었다면서 머리를 빗겨주시죠. 아이 참! 엄마가 그러면 노는 데 방해가 되잖아요. 엄마가 날 방해하니까 짜증을 내는 거예요. 지금 난 신 나게 더 놀고 싶거든요.

우리 이러면 좋겠어요. 아침에 해야 하는 일들에 대한 순서와 규칙을 정하는 거예요. 엄마가 내 기저귀나 속옷을 갈아주실 때 옷을 입혀주세요. 그런 다음 아침을 먹고 그 다음에 머리를 빗고 이를 닦는 거예요.

아침에 해야 할 중요한 일들에 대해 정리가 끝나면 그림으로 그려봐요. 그리고 우리 이걸 눈에 잘 보이는 곳에다가 붙여두는 거예요. 내 방에 붙여둘까요? 이제 아침에 눈을 뜨면 오늘 아침에 해야 할 일들이 한눈에 보일 거예요.

엄마, 다음에 할 일이 뭔지 나한테 물어봐 주세요. 와! 그림으로 보니까 기억하기가 훨씬 쉬운 거 있죠. 바로 다음에 할 일은 이 닦는 거예요.

이렇게 매일 해야 할 일을 규칙적으로 정해 두면 엄마와 나 사이에 벌어지는 쓸데없는 전쟁을 조금이나마 줄일 수 있을 것 같아요. 어때요, 좋은 생각이죠?

규칙적인 일상은 아이와 엄마 모두에게 편안한 하루를 제공합니다

어른들은 필요에 따라 일정을 바꿀 수 있습니다. 아침에 머리를 감지만 늦잠을 잔 날엔 저녁에 감을 수도 있고, 또 어떤 일에 몰입하다가도 문득 생각난 다른 일을 처리하기도 합니다. 많은 엄마들이 아이도 그럴 수 있을 거라 생각합니다. 당장 밖에서 해야 할 일이 생각났는데, 아이를 두고 갈 수 없다면 노는 아이의 흐름을 깨뜨리고 엄마의 일정에 맞춰줄 것을 요구하죠. 이때 아이가 떼를 쓰고 반항하면, 급한 마음에 짜증을 내며 나무라게 됩니다. 어느 집에서나 흔히 경험할 수 있는 일상이지요.

그런데 아이를 조금만 이해하면 갈등을 줄일 수 있답니다. 가급적 아이의 익숙한 일상이 방해받지 않도록 배려해 주세요. 또한 전환이 필요한 경우 미리미리 준비할 시간을 준다면 적어도 서로 목소리를 높이는 난리법석은 피할 수 있답니다.

정리해 가면서 노는 건
내겐 너무 어려워요

> 내 기차는 역에 멈춰 서 있고,
> 내 책들은 누군가 읽어주기를 기다리고
> 있어요. 컵이랑 접시들은 소꿉놀이를
> 준비하고 있고요. 또 퍼즐 조각들은
> 누군가가 맞춰주기를
> 기다리고 있네요.

엄마는 내가 퍼즐 놀이를 하기 전에
괴물 놀이했던 인형이랑 가면을 다 치
우라고 하세요. 하지만 괴물 놀이가 아직 끝난
건 아니에요. 잠시 퍼즐이 내 눈에 띄었고 그래서 잠깐 동안만 갖고
놀 생각이었거든요. 그 다음엔 기차 길에서 내 기차들을 움직여 볼
거고요. 그런 다음 다시 괴물 놀이를 할 거예요.

난 좋아하는 장난감들이 펼쳐져 있는 게 좋답니다. 그럼 생각날
때마다 만져 볼 수도 있거든요. 엄마, 왜 인상을 쓰세요? 어른들은
좋아하는 물건에 잔뜩 둘러싸여 있는 게 싫은가요?

엄만 늘 나한테 장난감들을 정리하면서 놀라고 하세요. 정말 모
두 다 정리해야만 하나요? 너무 많아서 대체 어디서부터 정리해야
할지 모르겠단 말예요. 꼭 정리를 해야 한다면 엄마가 어떻게 하는
건지 먼저 보여줄 수 있나요, 네?

정리할 땐 엄마가 내 조수가 되어주세요

장난감 정리하는 거 도와주려고 엄마가 왔다고 말해 주세요. 가
장 먼저 해야 할 일 두 가지를 말해 주면, 그중 어느 것부터 할지는
내가 정할게요.

선택해야 할 종류가 너무 많으면 곤란해요. 난 아직 세 살이니까
너무 복잡한 건 싫거든요. 음, 알았어요. 그럼 우리 먼저 책이랑 동

물들을 정리해요. 엄마가 책을 맡으면 내가 동물을 정리할게요. 일을 하기 쉽게 나눠서 하게 해주세요. 엄마랑 같이 하면 지루한 정리도 놀이처럼 느껴져서 진짜 재미있을 것 같아요.

🚐 오랫동안 치우지 않아도 되는 공간을 만들어주세요

난 장난감이 필요해요. 그리고 끊임없이 떠오르는 내 생각을 장난감을 갖고 시도해 볼 시간과 공간도 필요하죠. 사실 엄마만 괜찮다면 나는 방 안을 치우고 싶지 않아요. 나한텐 어지르지 않고 장난감을 정리하면서 놀아야 할 그 어떤 이유도 없으니까요. 왜냐하면 방 정리는 내 놀이를 방해할 뿐이거든요.

엄마를 방해하지 않으면서 오랜 시간 마음껏 어지르며 놀 수 있는 장소가 있으면 좋을 것 같아요. 다만 나는 책이나 퍼즐 같은 장난감들이 바닥에 흩어져 있을 때, 자칫 부주의해서 다칠 수도 있다는 걸 몰라요. 그러니까 그럴 위험이 있다는 걸 알려주세요.

또한 장난감들을 담을 수 있는 상자를 마련해 주면 좋겠어요. 가까운 곳에 두고 언제든지 꺼내서 가지고 놀 수 있잖아요.

그리고 엄마, 제발 잠자기 전에 기차를 갖고 놀던 것은 치우라고 하지 말아주세요. 피곤하기도 하고, 또 아직 내 놀이가 다 끝나지도 않았단 말예요. 다리도 만들고, 나무들도 심고, 가운데는 동물원도 만들어야 하거든요.

제가 하는 놀이를 어른들이 벌이는 커다란 프로젝트라고 생각해 보세요. 어른들도 뭔가 중요한 일을 진행하는 과정에서 일이 다 끝나기도 전에 꼭 필요한 자료를 치우거나 버리진 않잖아요. 난 비록 세 살이지만, 놀이를 할 때만큼은 누구보다 진지하답니다.

조금만 인내심을 갖고 지켜봐 주세요. 지금 하고 있는 놀이가 다 끝나면 다른 놀이로 관심이 옮겨갈 거예요. 바로 그때가 내 기차들을 스스로 말끔히 정리할 시기랍니다.

깨끗한 집안보다는 아이의 놀이가 더욱 중요한 시기입니다

이맘때 아이들이 있는 집은 난장판이 되기 일쑤입니다. 아이들이 보던 책을 꽂아놓고 새 책을 꺼내 온다거나, 장난감을 정리하면서 노는 법은 없지요. 오전엔 집안이 말끔했다가도, 오후가 채 되기도 전에 아이가 꺼내온 장난감이며 그림책으로 온통 어질러지기 십상입니다.

엄마 입장에서는 하나씩 보거나 놀면서 치우고 또 새로운 걸 가져오면 얼마나 좋을까 싶지만, 정리정돈과 창의력 중 하나를 선택해야 한다면 당연히 창의력이어야 합니다. 아이가 어지르면서 마음껏 노는 것은 상상력과 창의력에 날개를 달아주는 효과가 있거든요. 아이가 집안을 어지럽히는 걸 견딜 수 없다면 공간을 정해 놓고, 그 공간에서는 마음껏 어지르고 놀 수 있게 배려해 주세요.

거창한 파티보다는 맘에 쏙 드는 케이크가 더 좋아요

민지 생일 파티에도
멋진 생일 케이크가 있었어요.
이 케이크는 그 때 본 것보다
훨씬 더 멋진 것 같아요.

히야~

민지 생일 파티에서 가장 좋았던 건 생일 케이크였어요. 케이크는 귀여운 곰돌이 모양이었는데, 그 위에는 달콤한 맛이 나는 가루가 뿌려져 있었어요. 너무너무 맛있는 초콜릿 케이크였죠.

하지만 그 날 생일 파티에서 민지 엄마가 내 눈을 가리고 당나귀 그림에 꼬리를 붙이라고 했던 건 정말 싫었어요. 사실 난 그게 무슨 놀이인지도 잘 모르겠고, 재미도 없어서 별로 하고 싶지 않았거든요.

그런데 생일 케이크는 정말이지 멋졌어요. 게다가 그 환상적인 달콤한 맛이란! 나도 내 생일에 민지의 생일 케이크처럼 멋진 케이크를 갖고 싶어요.

 내 케이크를 고를 땐 나랑 꼭 상의해 주세요

케이크와 생일 선물이야말로 생일날에 빠져서는 안 될 제일 중요한 것들이라고 생각해요. 어떤 생일 케이크를 살지 또 어떤 장식이 있어야 하는지는 내가 직접 결정하게 해주실 거죠? 케이크를 사러 갈 땐 나도 꼭 데려가 주셔야 해요.

혹시 엄마가 직접 케이크를 만들어 주실 거라면 나도 만드는 걸 도울게요. 어떤 모양으로 만들어 볼까요? 벌써부터 너무너무 기대가 돼요. 내가 엄마를 도울 수 있다면 아마 내 케이크는 세상에서 가장 아름답고 특별한 케이크가 될 거예요. 그렇죠?

🐑 너무 많은 친구를 초대하지 말아주세요

생일날 주인공은 멋진 고깔 모자를 쓰잖아요. 내 생일에는 진짜 특별한 고깔 모자를 쓸래요. 또 손님으로는 준이랑 윤지, 서진이가 오면 좋겠어요. 난 그 아이들을 잘 알아요. 우린 친한 친구들이니까요.

어린이집에 있는 애들 모두를 초대하진 마세요. 그건 너무 많아요. 생일의 주인공이 된다는 건 진짜 흥분되고 멋진 일이지만, 사람이 너무 많은 곳에 있다 보면 정신이 멍해지고 아무것도 하지 못할지도 모르거든요.

🌱 파티는 짧고 간단한 게 더 좋아요

엄마, 나 너무 피곤하고 졸려요. 제발 사람들이 너무 오랫동안 우리 집에 머물게 하진 말아주세요. 한 시간 정도면 나한테는 충분히 내 생일을 멋지게 보내고도 남을 시간이랍니다. 내가 원하는 건 그저 맛있는 생일 케이크랑 선물이거든요.

참! 복잡한 게임은 안 돼요. 난 이해할 수 없는 게임 같은 건 싫어하거든요. 특히 규칙이 복잡한 게임을 하는 건 정말이지 싫어요. 사실 뭘 하라는 건지도 잘 모르겠어요. 물론 내가 좀 더 자라면 생각이 달라질지도 몰라요. 어쩌면 그땐 여러 가지 게임을 하면서 많은 사람들과 어울려 노는 걸 좋아하게 될지도 모르죠. 하지만 세 살인 지금은 그냥 모든 게 간단하고 쉬우면 좋겠어요. 뭐든 복잡하지 않아야 맘 편하게 쉽고 재미있게 즐길 수 있답니다.

아이를 위한 행동이 때론 아이를 괴롭게 만들 수 있습니다

부모 마음이야 사랑하는 아이를 위해 요란하고 떠들썩한 생일파티를 해주고 싶을 것입니다. 요즘 많은 젊은 부모들이 내 아이만을 위한 특별한 이벤트를 준비합니다. 하지만 두세 살짜리는 아직까지 그런 떠들썩한 파티를 온전히 즐기기 어렵습니다. 어른들을 위한 파티가 되기 쉽고, 정작 아이는 피로와 짜증에 지쳐 떼쓰며 울다 잠들어버릴 확률이 높답니다.

그런 파티는 더 자라서 본인이 원하고 즐길 수 있을 때 해줘도 늦지 않아요. 지금은 그저 생일이라는 특별한 날을 기념할 수 있게 맛있는 케이크와 가족만으로도 충분히 행복하고 즐거운 시간을 보낼 수 있습니다.

Part 05

때론 다시 아기가
될 때도 있어요

난 이제 좀 있으면 큰아이가 될 테지만, 갑자기 아기였던 시절이 그리울 때가 있어요. 그럴 땐 엄마 품속을 파고들지요. 참, 변기를 사용하라고 너무 강요하지 말아주세요. 때론 옷 같은 건 입지 않고 집안을 마구 돌아다니고 싶기도 하답니다. 하지만 엄마, 이건 내가 다시 아기가 되려고 그러는 게 아니라, 성장하는 과정의 일부라는 걸 이해해 주셨으면 좋겠어요.

그냥 눈물이 왈칵
쏟아지는 걸 어떡해요

울보라고 부르지 마세요.
그 말은 싫단 말예요.
난 울보가 아니에요.
그냥 날 울게 만드는 것들이
많을 뿐이랍니다.

삐죽

울먹

울먹

울먹

내가 울면 엄마는 왜 화를 내요? 왜 울음을 멈추라고 하는 거죠? 그렇다고 한번 시작된 울음이 갑자기 멈추는 것도 아니고, 엄마가 그만 울라고 소리를 지른다고 해서 상황이 더 나아지는 것도 아니에요. 오히려 엄마가 그러면 난 더욱 겁만 먹을 뿐이랍니다.

준식이가 내 모래삽을 빼앗아갔을 때나 내 장난감 비행기가 부서졌을 때처럼 뭔가 일이 내 뜻대로 안 되면 순간 내 안에서 알 수 없는 이상한 감정들이 나를 덮쳐와요. 그럼 내가 할 수 있는 일이라곤 와락 울어버리는 것뿐이에요.

🚗 나도 내 감정을 조절할 수 없어요

난 넘어졌을 때도 울고, 무릎에 상처가 났을 때도 울고, 침대에 머리를 부딪혔을 때도 울고, 또 장난감을 밟아서 망가지거나 발바닥이 아플 때도 울어요. 그런데 준식이는 넘어졌을 때도 울지 않아요. 그냥 툭툭 털고 다시 일어나더라고요. 난 넘어졌을 때 무지 아팠는데 준식이는 그렇지 않나 봐요.

또 내가 주스를 쏟았을 때 엄마가 너무 무섭고 큰 목소리로 소리를 쳐서 나도 모르게 울어버렸어요. 엄마의 그런 목소리는 정말 무섭답니다. 꼭 화를 내는 게 아니더라도 말예요. 하지만 실컷 울고 나니까 기분이 좀 나아졌어요.

어떤 때는 다른 사람이 다치는 걸 보기만 해도 그냥 울게 돼요. 전에 공원에 갔을 때 나랑 비슷한 어떤 여자 아이가 공원에서 넘어져서 울지 뭐예요. 근데 그 모습을 보니까 이상하게 나도 갑자기 눈물이 쏟아지는 거예요. 그 아이가 아픈 것만큼 어쩐지 나도 아픈 것 같았거든요. 엄마는 안 그런가요? 엄마가 행복할 땐 나도 기분이 좋아져요. 그런데 엄마가 슬프면 나도 슬퍼진답니다.

난 요즘 여러 가지 감정들을 느껴요. 그 감정들이 서로 어떻게 다른지는 잘 모르지만, 아마 애초에 난 그렇게 태어난 건지도 몰라요.

 여러 가지 감정들에 대해 가르쳐주세요

나도 내가 무엇 때문에 우는지 그 이유를 항상 알고 있는 건 아니랍니다. 사실 대부분 그냥 어쩌다 보니까 나도 모르게 울게 되는 것 같아요. 엄마도 아빠도 할아버지도 할머니도 사람이라면 누구나 감정이라는 걸 느끼는 거라고 말해 주세요. 또 행복하거나, 흥분되거나, 겁이 나거나 또는 슬픈 감정들 모두 다 자연스러운 감정들이라는 걸 가르쳐 주세요. 무엇보다 이럴 때 내 감정에 공감해 주는 것도 잊지 말아주세요.

모든 사람들이 감정이라는 걸 느끼는데, 난 좀 더 강하게 느끼는 것뿐이라고 말해 주세요. 물론 모든 사람들이 나처럼 강한 감정을 느끼는 건 아니라는 것도요. 또 나처럼 섬세한 감정을 가진 사람은 다른 사람들의 기분을 배려할 줄 알기 때문에 좋은 친구를 많이 사귈 수 있다고도 말해 주세요.

🚐 감정을 제대로 느끼고 조절할 수 있게 도와주세요

혹시 내가 넘어져서 울기 시작하면 나한테 달려와서 다친 곳이 어디인지 물어봐 주세요. 그런 다음 엄마가 날 꼭 껴안아주는 거예요. 어떤 때는 한 번의 따뜻한 포옹만으로도 아픔이 사라지지만, 어떤 때는 반창고나 밴드가 필요하기도 해요. 밴드는 내게 참 쓸모가 많은 물건이랍니다. 엄마가 보기엔 대수롭지 않을 만큼 많이 다친 게 아니라도 꼭 붙여주세요.

엄마, 날 걱정하고 위로해 주는 건 좋지만, 내가 다쳤을 때 엄마가 너무 심한 호들갑이나 유별난 반응을 보이지는 않았으면 해요. 그럼, 난 아주 작은 상처에도 민감하게 반응하게 될 거예요. 왜냐하면 난 관심 받는 걸 좋아하거든요. 특히 사랑하는 엄마의 관심이라면 두말할 필요도 없답니다. 엄마가 날 안심시켜 주는 건 꼭 필요하지만, 내가 다치는 것에 대해 의연하게 대처할 수 있도록 도와주는 것도 잊지 말아주세요.

나한테 지금 느껴지는 감정들을 뭐라고 부르는지 나도 알고 싶어요. "엄마도 준식이가 네 장난감을 빼앗았을 때, 네가 화났다는 거 잘 알아."라고 말해 주면 난 '화난다'라는 단어를 배우게 되는 거예

요. 그럼 만약 다음에 또 준식이가 내 장난감을 빼앗으면 난 막무가
내로 울어버리는 대신 "나 지금 화났어."라고 또박또박 말할 수 있
을 거예요.

🎩 바로잡아 주고 싶을 땐 조용한 목소리로 말해 주세요

난 정말 못되게 굴고 싶지 않아요. 다만 세상엔 내가 모르는 게
너무 많이 있기 때문에 자꾸 실수를 하게 되는 것뿐이에요. 엄마,
내가 뭔가를 잘못했을 때는 내게 다가와서 크고 화난 목소리가 아
닌 조용하고 차분한 목소리로 말해 주세요.

또한 엄마의 화난 목소리를 들으면 이상하게도 난 언짢고 속상해
진답니다. 그래서 엄마가 무슨 말을 해도 주의 깊게 들을 수 없기
때문에 곧 잊어버리고 말아요. 그러니까 꼭 조용조용 부드럽게 말
해 주셔야 해요.

엄마가 부드럽게 차근차근 얘기해 줬는데도, 내가 엄마 말을 듣
지 않으면 조금 더 단호하고 엄한 목소리로 말하셔도 돼요. 하지만
그럴 때라도 제발 소리는 지르지 말아주세요. 엄마가 나한테 마구
소리를 지르면 얼마나 무서운지 모른답니다. 마치 우리 엄마가 아니
라 그림책에서 봤던 무시무시한 괴물처럼 보여서 너무너무 무섭고
겁이 나거든요.

엄마의 감정이 어떻다는 것도 내게 말해 주세요

난 엄마가 기분이 안 좋다는 걸 말해 주지 않아도 느낄 수 있어요. 그럴 땐 겁이 나고 불안해요. 엄마가 "오늘 엄만 조금 슬프단다. 엄마 친구가 아프다는 얘기를 들었거든."이라고 엄마의 감정을 솔직하게 말해 주면 좋겠어요.

그렇지만 난 아직 너무 어려서 감정이란 것에 대해 너무 많이 알 필요는 없답니다. 그저 조금이라도 이해할 수 있다면 큰 도움이 될 거예요.

육아솔루션

아이의 울음은 수많은 감정 표현을 대변합니다

두세 살쯤 되면 이제 아이는 보다 다양한 감정을 느끼고 지각하기 시작합니다. 하지만 아직 그런 감정들을 정확하게 감지하고 구분하고 조절하면서 다양하게 표현해 내기엔 미숙하지요. 아파도 울고, 놀라도 울고, 화가 나도 울고, 짜증이 나도 울 수 있습니다. 언어 능력이 좀 더 발달하고, 감정을 표현하고 조절하는 능력이 분화되면 각기 다른 감정에 대해 어떻게 표현하면 좋은지 알아가게 될 것입니다.

아이가 울면 일단 따뜻하게 안아주고, 우는 이유를 찬찬히 물어보세요. 그러면 아이는 자신이 왜 우는지 생각해 볼 기회를 갖게 된답니다. 또한 평소 엄마가 자신의 기분을 아이에게 설명해 주는 것도 아이가 자기 감정을 알아가는 데 도움을 줄 수 있습니다.

난 벌거벗고 뛰어다니는 게 좋아요

싫어요. 안 입어요.
그냥 이러고 있을래요.
난 정말 옷 입기 싫단 말예요!

요즘 혼자 옷 입고 벗는 걸 조금씩 배우고 있는 중이에요. 그런데 입는 것보단 벗는 연습을 할 때가 더 재미있어요.

일단 옷을 벗어버리고 나면 난 집안을 마구 뛰어다니고 싶어져요. 날씨만 좋으면 그대로 밖으로 나가서 뛰어다니고 싶을 정도랍니다. 내 피부에 와 닿는 따사로운 햇살의 느낌이 참 좋거든요.

가끔은 엄마가 미소를 띠며 "아기처럼 벌거벗은 민재 좀 보세요."라고 할 때도 있어요. 하지만 또 어떤 날에는 인상을 쓰면서 그럼 못쓴다며 나를 붙잡아서는 억지로 옷을 입히곤 하시죠.

엄마가 억지로 날 붙잡아 옷을 입히려 할 때면 난 막 소리 지르고 버둥거리며 엄마를 때리고 발로 찰 때도 있어요. 엄마, 옷 입기 싫단 말예요. 지금 한창 재미있고 신 나는 참인데, 왜 꼭 옷을 입어야 하는 건데요?

옷을 입어야 하는 이유를 말해 주세요

모든 사람과 동물에게는 피부가 있다는 걸 알려주세요. 그리고 새들은 피부 위에 깃털이 덮여 있고, 개나 고양이 같은 동물은 털이 감싸고 있다고도 말해 주세요. 그런 깃털이나 털이 새나 개, 고양이의 피부를 보호해 주는 거라고 가르쳐 주세요.

우리 같은 사람은 피부를 감싸고 있는 그런 것들이 부족해서 대

169

신 옷을 입어서 피부를 보호해야 한다는 것도요. 그러니까 옷이 깃털이나 털 같은 거라고 말예요. 피부를 보호해 주는 옷을 입지 않으면 뭔가에 피부를 스쳐 다칠 수도 있고, 만약 넘어진다면 더 많이 다칠지 모른다고 가르쳐 주세요.

그리고 옷을 입지 않으면 겨울엔 몹시 춥다는 것도 알려주세요. 옷을 입어야 겨울의 차가운 공기로부터 우리 몸을 따뜻하게 보호할 수 있다고요. 또 반대로 여름엔 따가운 햇살로부터 우리 몸을 지켜주고 시원하게 유지시켜 주기 위해 옷을 입는다는 것도 가르쳐 주세요. 만약 하루 종일 햇빛 아래 아무것도 입지 않고 돌아다닌다면, 까맣게 타 버려서 토스트기에 들어갔다 나온 빵과 같은 색이 될지도 모른다고요.

옷에 관한 예의를 가르쳐 주세요

엄마, 옷을 입는 건 꼭 우리 몸을 보호하기 위해서만이 아니라는 것도 알려주세요. 어쩌다 가끔 나처럼 어린아이가 벌거벗는 건 괜찮지만, 매일 그러는 건 안 된다고 가르쳐 주세요. 몸은 매우 개인적이고 소중한 것이라서 외출할 때나 손님이 올 때는 옷을 입어서 가리는 게 예의라는 걸 알려주면 좋겠어요.

그러니까 나도 친구네 집에 놀러 갈 때는 꼭 옷을 입어야 하고, 또 할머니, 할아버지가 우리 집에 오실 때도 옷을 입어야 한다고 가르쳐 주세요. 그게 예의를 갖추는 것이라고요.

하지만 깨끗이 목욕을 하고 난 후 물기를 닦아내고 잠옷을 입기
전까지 몇 분 동안은 벌거벗은 채로 뛰어다녀도 좋다고 허락해 주
세요. 그 정도는 괜찮은 거겠죠, 엄마?

성장하면서 예의를 배워가면 점차 사라질 행동이에요

이 또래 아이들은 예민한 피부와 맨몸일 때 느껴지는 홀가분함 때문인지
옷을 갑갑하게 여기기도 합니다. 옷을 갈아입히려는데 아이가 입지 않으려고
사방팔방 뛰어다닐 때는 너무 정색하고 나무라지 마세요. 아직은 옷과 예의
를 연결시킬 만큼 성숙하지 못한 것뿐입니다.

다만, 옷이 필요한 기능적 이유와 사회적 이유를 아이의 눈높이에 맞춰 설
명해 주고, 아이가 원한다면 목욕 후 잠깐 정도 옷을 입지 않아도 되는 시간
을 허용해 주세요. 엄마 앞에서 옷 갈아입는 것마저 꺼리는 훌쩍 자란 모습을
보게 될 때쯤, 목욕하고 옷 안 입겠다며 벌거벗고 깔깔대며 뛰어다니던 꼬마
를 추억하게 될지도 모르니까요.

세 번째
에피소드

아직은 기저귀가 더 편할 때가 있어요

아기용 변기

싫어요! 싫단 말예요!
아기용 변기에 앉고 싶지 않아요.
에잇, 난 절대 거기 앉지
않을 거라고요!

시여~시여~

172

변기에 앉으라고요? 하지만 변기에 앉아 있기에는 난 지금 무지 바쁘단 말예요. 엄만 변기를 좋아하는지 모르겠지만, 난 하나도 재미없답니다. 변기에 앉을 시기는 내가 결정하고 싶어요. 엄마가 자꾸 변기에 앉으라고 강요하면 난 변기가 점점 더 싫어질 뿐이에요.

엄만 내가 쑥쑥 자라서 아기용 변기를 쓸 때가 되었다고 해요. 그런데요 엄마, 난 잘 모르겠어요. 사실 난 아직 아기용 변기를 쓸 수 있을 만큼 자란 것 같지 않거든요.

또 그렇게 변기가 편한지도 잘 모르겠어요. 난 지금까지 해온 방식이 훨씬 좋답니다. 혹시 변기를 쓸 때가 되었다는 건 엄마가 더 이상 나를 보살펴주지 않거나, 이제 날 안아주지 않겠다는 뜻이면 어쩌죠?

엄마가 내 기저귀 갈아주는 걸 별로 좋아하지 않는다는 건 나도 알 것 같아요. 기저귀를 갈아주면서 엄마가 한 번씩 코를 살짝 찡그리는 걸 봤거든요. 하지만 난 2년 넘게 이걸 차고 다녀서 그런지 매우 익숙하고 편하답니다.

 ### 인내심을 갖고 때가 될 때까지 기다려 주세요

지금 당장은 변기를 쓰는 데 별 관심이 없어요. 하지만 분명 얼마 안 가, 그러니까 아주아주 가까운 미래에 기저귀에다 쉬하고 응가

하는 걸 스스로 매우 민감하고 거북하게 받아들이게 될 거예요. 정말이라니까요!

시간이 흐를수록 엉덩이가 더러워진 채로 있는 게 싫어서 엄마가 빨리 기저귀를 갈아주고 씻어주기를 바라게 될 거예요. 그럼 바로 그때 엄마가 축축하고 기분 나쁜 느낌을 더 이상 느끼고 싶지 않으면 변기를 사용하면 된다고 말해 주세요.

내 친구들 중에도 변기를 사용하기 시작한 아이들이 꽤 있어요. 다른 친구들이 변기를 어떻게 사용하는지 보는 것도 많은 도움이 될 것 같아요. 아니면 변기를 쓰는 법이 나와 있는 그림책을 엄마랑 함께 보는 건 어떨까요?

🐾 엄마가 도와주면 더 잘할 수 있어요

내 몸을 스스로 통제하는 법을 알려주세요. 내가 알아야 하는 것들이 있다면 가르쳐 주고요. 하지만 내 몸에 관한 한 스스로 결정할 수 있게 해주세요. 내가 어정쩡한 자세로 다리를 꼬는 걸 볼 때 엄마가 지금 내 몸은 화장실을 가고 싶다는 사인을 보내고 있는 거라고 알려주세요.

운동복 바지나 고무줄 반바지 같은 옷이 다른 옷들보다 용변을 보기에 훨씬 편하다는 걸 가르쳐주세요. 내가 매일 하루 종일 기저귀를 차고 있을지, 아니면 중간중간 팬티를 입고 있을 것인지 물어보고 결정하게 해주세요.

엄마가 새로 사준 곰돌이 팬티랑 뽀로로 팬티가 나도 참 좋긴 하지만, 어떤 날에는 변기를 쓸 것인지에 대한 결심이 여전히 서지 않아요. 하지만 분명한 건 나도 곰돌이 팬티에 쉬나 응가를 하고 싶진 않다는 거랍니다.

배변 훈련은 강요가 아닌 자발적인 방법으로 유도해야 합니다

갓난아기 때부터 차고 다니던 기저귀에 아이들은 큰 거부감을 느끼지 않고 용변을 해결합니다. 하지만 점차 기저귀가 오줌으로 젖거나 똥으로 지저분한 상태로 피부와 맞닿는 느낌을 상당히 불쾌하고 불편하게 느끼게 되지요. 이런 불편함과 불쾌감을 스스로 인지할 때 이에 대한 해결 방안으로 접근한다면 큰 거부감 없이 자연스럽게 배변 훈련을 진행할 수 있습니다.

하지만 청결 등의 이유로 아이의 욕구와 관계없이 강압적인 훈련을 강행할 경우 자칫 청결에 지나치게 민감한 아이로 자라는 등 여러 가지 부작용이 따를 수 있습니다. 또한 완벽하게 가리기까지는 아이가 간혹 실수할 수 있는데, 그때마다 부모가 과민하게 반응하지 않는 것이 좋답니다.

네 번째
에피소드

가끔은 아기였던 때가 그리워요

엄마, 나 소파에서 안아주세요.
내가 아기였을 때 해주셨던 것처럼요.
엄마 젖이 그리워요. 난 아직도
엄마의 아기잖아요.

요즘에는 옛날보다 엄마랑 보내는 시간이 조금 줄어든 것 같아요. 옛날에는 엄마와 한시도 떨어지지 않고 지냈잖아요. 그런데 요즘엔 어린이집에 가기도 하고, 또 엄마랑 같이 있을 때도 엄마는 바쁜 사람처럼 이것저것 하고, 나랑 잘 놀아주지도 않아요.

물론 어린이집은 재미있기도 해요. 물감 놀이도 할 수 있고, 목마에 올라타기도 하고요. 또 거품 놀이도 하거든요. 간식 시간에는 냅킨이랑 과자를 식탁 위에 올려놓았어요. 그랬더니 선생님이 "와, 우리 준이 다 컸구나."라고 말씀하셨어요. 혹시 이제 난 큰아이가 된 건가요?

아빠, 일어나세요! 날 차까지 데려다 주세요. 차에서 함께 '준이 송'을 듣고 싶어요. 아빠도 기억하고 계시죠? 내가 아기 때부터 제일 좋아하던 노래 말이에요. 그 노래만 틀어주면 울다가도 뚝 그친다며 내 이름을 따서 '준이송'이라고 부르셨잖아요. 난 아직도 그 노래를 들으면 어깨가 들썩들썩, 엉덩이는 저절로 씰룩씰룩 움직이며 춤을 추고 싶어져요.

오늘은 그냥 다시 아기가 될래요

엄마, 내 우유병을 주세요. 오늘은 어쩐지 다른 날처럼 컵에 먹기 싫으니까 아기처럼 우유병에 담아서 먹어야겠어요. 엄마, 내 아기담

177

요 주세요. 정말 이상해요. 오늘따라 침대가 너무 큰 것 같아요. 그리고 나를 좀 꼭 안아주세요.

제발 이럴 때 나더러 아기처럼 행동하지 말라는 말은 하지 말아주세요. 엄마가 큰아이처럼 굴라는 말을 할수록 난 더 아기처럼 굴거예요. 사실 요즘 난 큰아이가 된다는 게 조금 무섭고 두려워요. 배우고 해봐야 할 새로운 것들이 너무나 많으니까요.

물론 나도 이젠 내가 할 수 있는 건 뭐든 나 혼자 하는 게 좋긴 해요. 그래서 내가 하려는 뭔가를 엄마가 대신 해주려고 하면 난 막 소리를 지르고, 때론 울어버리기도 하는 거예요. 하지만 외투를 혼자 입기 힘들거나 내 힘으로 바지를 내리기 힘들 때면 갑자기 짜증이 나면서 너무나 화가 나요.

🐢 큰아이가 되는 건 정말 힘들어요

오늘 엄마는 너무 바쁜가 봐요. 나와 함께 조용하게 있을 시간이 거의 없었답니다. 조금 전부터 난 지치고 배가 고파지기 시작했어요. 그래서 담요를 만지작거리면서 엄지손가락을 입에 넣었죠. 아기담요랑 내 엄지손가락만 있으면 언제 어디서든 난 금세 안정을 되찾을 수 있거든요.

내가 힘들어할 때 엄마가 날 안아주고 편안한 기분이 들게 해주면 참 좋답니다. 엄만 내가 아기처럼 굴면 마치 엄마가 뭘 잘못해서

178

그런 건 아닌가 하고 걱정하는 것 같아요. 하지만 너무 걱정하지 마세요. 난 그저 잠깐 지치고 배가 고픈 것뿐이랍니다. 엄만 나한테 여전히 좋은 엄마예요.

세 살이란 나이는 부모로부터 한 걸음씩 천천히 독립해 나가는 때잖아요. 이제 나도 점점 큰아이가 되어가는 거죠. 그러다 보니 좋을 때도 있지만, 가끔 힘들고 지칠 때가 있어요. 하지만 난 자라면서 겪게 되는 이런 모든 감정과 경험들을 피하기보다는 스스로 당당하게 대면해 극복해 나가는 방법을 배워야 해요. 언제까지 아기로 살 수만은 없잖아요.

독립한다는 건 무척 설레지만, 한편으로는 두렵기도 하고 또 짜증도 나는 일인 것 같아요. 그래도 내 엄지손가락 친구랑 아기담요의 도움을 받으며 잠깐 쉬고 나면, 또 다시 새롭게 시도해 볼 용기가 솟아난답니다.

🌱 엄마, 스트레스를 줄여주세요

아기였을 때는 해야만 하는 일들이 그렇게 많지 않았어요. 왜냐하면 아기들은 변기를 사용할 필요도 없고, 양말을 혼자서 신지 않아도 되니까요. 또 혼자 알아서 물을 컵에다 따라 마실 필요도 없고, 큰 침대에서 혼자 자지 않아도 되잖아요.

하지만 세 살이 되니까 너무너무 많은 것들이 달라져버리고 말았어요. 새로운 것들을 배우는 데는 너무나 많은 에너지가 필요한 것 같아요. 난 엄마를 실망시켜 드리고 싶지 않고, 또 화나게 하고 싶지도 않아요. 그냥 지금 당장은 기운이 빠져서 아무런 힘도 남아 있지 않은 것뿐이랍니다.

이런 기분이 들 땐 외출을 좀 줄이고 잠깐이라도 쉴 수 있는 휴식 시간을 늘렸으면 좋겠어요. 다시 아기로 돌아간 것처럼 행동하거나 엄마에게 어리광을 부리다 보면 몸과 마음이 안정되고 푸근한 기분이 들거든요. 그러니까 내가 잠깐 아기처럼 굴더라도 이해해 주세요. 난 이제 겨우 세 살이잖아요.

사랑하고, 사랑하고 또 더 많이 사랑해 주세요

엄마, 나랑 같이 내가 아기였을 때 찍었던 사진들을 봐요. 난요, 내가 태어났을 때 엄마가 얼마나 기뻤는지 말해 줄 때가 참 좋아요. 내가 아기였을 때 어땠는지, 또 엄마가 날 얼마나 사랑했는지 그리고 세 살이 된 지금은 또 얼마나 많이 사랑하는지를 말해 줄 때 가장 행복하답니다.

지금의 내가 너무 예쁘다는 것과 또 아기 때도 좋은 점이 많았지만 성장하고 나서도 좋은 점이 많을 거라고 말해 주세요. 하지만 너무 많이 얘기하지는 말아주세요. 난 좀 쉬고 싶고 또 안전하다는 걸 느끼고 싶은 것뿐이니까요.

난 아주 빠르게 달라지고 있어요. 매일 쑥쑥 자라고 있으니까요. 며칠 후에 더욱 새롭게 달라질 나를 위해 조금만 시간을 주세요. 엄마의 무한한 사랑과 인내가 있다면 난 다시 활기차게 뛰어놀 수 있으니까요.

퇴행도 성장해 가는 과정의 일부입니다

하룻밤에도 달라진다고 비유할 만큼 아이가 성장하는 모습은 놀랍기만 합니다. 하루하루 스펀지가 물을 빨아들이듯 많은 것을 배우고 학습하고 있는 성장기 아이의 삶은 치열하기 그지없죠. 그러다 보니 아무리 에너지가 넘치는 아이라도 순간순간 에너지가 고갈되는 느낌을 가질 때가 있습니다.

이럴 때면 어리광을 부리고 젖을 먹으려 한다든가, 포대기에 들어가려고 하는 등 아기처럼 행동하려는 모습을 보이기도 합니다. 이때 "넌 이제 큰아이니까 그런 행동은 하면 안 돼."라고 나무라기보다 원하는 만큼 충분히 아기 같은 행동을 할 수 있게 해주세요. 에너지를 충전하고 나면 아이는 또 금세 훌쩍 성장해 있을 것입니다.

Part
06

세 살은 몸과 마음이
예민한 나이랍니다

아얏, 눈 따가워! 엄마, 그렇게 거품을 마구 내지 말아주세요. 그리고 새로 산 양말은 신기 싫어요. 그걸 신으면 꼭 밤송이가 발바닥에 닿은 것처럼 따갑단 말예요. 앗, 처음 보는 아줌마가 내 볼 꼬집지 못하게 해주세요! 왜냐하면 우리 세 살짜리들은 예민한 몸과 마음의 소유자거든요.

머리 감기는 너무너무 싫어요

내가 아무 이유도 없이 머리 감는
걸 싫어한다고 생각하시나요?
머리 감을 땐 진짜 기분이
이상하고 나쁘단 말예요.

보글

보글

보글

난 물에서 장난을 치며 노는 걸 좋아해요. 물을 퍼서 바가지로 뿌리며 물장난을 치는 게 참 재미있거든요. 작은 장난감 샤워기를 가지고 노는 것도 정말 즐거워요. 어른들이 쓰는 큰 샤워기는 잘못하다간 내 얼굴에 물을 확 뿜어대서 눈과 콧속에 물이 들어가 버려요. 얼마나 맵고 따가운지 몰라요.

그래서 나는 머리 감는 게 싫어요. 머리를 감을 때 눈과 코로 물이나 거품이 들어가면 너무너무 맵고 아프단 말예요.

샴푸도 싫어요. 샴푸는 정말 이상하고 독한 냄새가 나요. 엄마가 내 머리카락을 다 말려주어도 그 냄새가 가시지 않는다고요. 그리고 머리를 감는 데는 시간도 너무 오래 걸리죠. 난 머리 감는 게 정말 싫어요.

제발 내 얼굴에 물이랑 비누를 묻히지 말아주세요

엄마가 내 머리를 감겨줄 때 샴푸랑 거품이 마구 흘러내려서 얼굴과 눈에 들어가면 정말 맵고 기분이 나빠져요. 하지만 엄마는 내가 아무리 칭얼거려도, 착한 아이는 깨끗이 씻는 거라면서 그냥 눈을 꼭 감고 있으라고 하시곤 더 세게 거품을 내시잖아요.

하지만 엄마, 난 정말 따갑고 아픈 걸요! 아무리 내 몸에 해가 없다고 하는 샴푸나 비누라고 해도 난 얼굴로 그런 게 물과 섞여서 함께 줄줄 흐르는 느낌이 정말로 싫어요. 엄마는 안 그런가요? 그럼 아빠는요?

🐑 머리 감는 일도 재미있는 놀이로 만들어주세요

머리를 감으면서 거품 때문에 눈이 매워 칭얼거리다 보면 물에서 즐겁게 놀아야 할 시간을 빼앗겨버려요. 그런데 만약 엄마가 케로로나 뽀로로 목소리를 흉내 내주면 난 케로로나 뽀로로가 내 머리를 감겨주는 거라고 상상할 수 있을지도 몰라요. 그럼 머리 감는 게 조금은 즐거워질까요?

아니면 우리 함께 미용실 놀이를 해보는 건 어때요? 샴푸를 머리에 뿌린 다음에 여러 가지 재미있는 머리 모양으로 머리카락을 연출해 보는 거예요. 앗, 머리를 이렇게 하니까 내가 마치 닭처럼 보여요. 엇, 이렇게 하니까 꼭 내 머리에 뿔이 솟아난 것 같네요. 이번에는 옆으로도 뿔을 만들어주세요.

욕조 안에서도 이런 내 모습을 비춰볼 수 있도록 거울이 준비되어 있으면 좋겠어요. 재미있는 머리 모양을 한 내 모습을 그때그때 바로 볼 수도 있고, 그럼 머리 감기가 지금보다 훨씬 즐거워질지도 모르죠.

아니면 내 플라스틱 인형들 중 하나를 욕실에 초대해서 인형 머리카락에 샴푸를 묻히고 여러 가지 모양의 머리 스타일을 만들어

보는 건 어때요? 그것도 재미있을 것 같아요. 머리 감기에 재미있는 놀이를 연결시킬 수 있다면 머리 감기가 그렇게 싫지 않을 수도 있을 거예요.

그런데 엄마, 머리는 얼마나 자주 감아야 하는 건가요? 세수하거나 양치질을 하는 것처럼 하루에도 몇 번씩 머리를 감아야 하는 건 아니죠? 난 이틀에 한 번씩만 감고 싶어요. 그래도 괜찮죠?

아이들의 호흡기나 피부는 어른보다 훨씬 예민합니다

청결도 물론 중요하지만, 아이가 머리 감고 목욕하는 과정을 불편한 기억으로 남게 해서는 곤란합니다. 요즘엔 자극이 덜한 아이용 목욕제품이나 샴푸가 나와 있는데, 그럴더라도 거품이나 물이 눈이나 코로 들어가지 않도록 해주세요. 특히 아이가 유난히 예민하게 반응한다면, 유별나서 그런 게 아니라 샴푸나 비누의 향이나 성분이 너무 자극적일 수 있으니 잘 살펴보세요.

그리고 아이의 주의를 다른 데로 돌리면 좀 더 쉽게 씻길 수 있답니다. 목욕 전용 장난감과 인형 등을 활용해 씻기를 놀이의 과정으로 인식한다면, 아이는 머리 감는 시간을 좀 더 즐겁게 받아들일 것입니다.

난 우리집처럼 익숙한 게 좋아요

난 이 음식 별로예요.
집에서 먹던 거 먹을래요!
저 낯선 아줌마가 내 얼굴 만지지
못하게 해주세요. 난 이렇게 힘든데
엄만 왜 웃고 있는 거죠?

엄마, 왜 항상 어딘가를 가려고 서둘러야 하는 건가요? 난 쇼핑센터에 가는 거 싫어요. 예쁘게 장식되어 있는 물건들 보는 것도 난 별로 재미없어요. 엄마, 왜 그렇게 심술 난 얼굴을 하고 있어요? 운전대를 잡은 모습이 꼭 화가 난 사람처럼 보여요. 주차할 곳을 찾았는데도 엄만 여전히 화가 난 사람 같아요.

난 그냥 집에 있고 싶어요. 집안은 조용하고 또 내가 원하는 건 다 있으니까요. 놀다가 잠이 오면 사랑스러운 곰인형이랑 내 포근한 이불을 덮고 함께 편안하게 잘 수 있는 그런 우리 집 말예요.

저녁 먹으러 먼 데 있는 식당까지 가자고요? 그냥 우리 집에서 먹으면 안 되나요? 이런 거추장스러운 새 옷들도 입기 싫어요. 뻣뻣하고 까칠까칠해서 따갑고 불편하단 말예요.

내 주변이 온통 새로운 것들로 가득 차 있다는 생각만으로도 난 피곤하고 무서워진답니다. 그냥 매일매일이 똑같으면 좋겠어요. 난요, 나한테 익숙한 것들에 둘러싸여 있을 때가 훨씬 더 편안하고 안심이 되거든요.

평화로운 일상을 파괴하지 말아주세요

만약 꼭 외출을 해야 하면 낮잠 잘 시간을 피해서 컨디션이 가장 좋고 편안한 시간을 골라주세요. 배가 고프거나 잠이 오면 나도 모르게 말썽을 부리거나 떼를 쓰고 징징거리게 되거든요. 그리고 제발 내가 한 번도 먹어본 적 없는 이상한 음식들을 먹으라고 강요하지 말아주세요. 익숙하지 않은 낯선 음식을 먹어야 하는 건 그다지 기분이 좋지 않아요.

초대를 받아서 다른 집에 갈 때 그 집 아줌마가 나를 안으려고 하면 못하게 막아주세요. 나는 모르는 아줌마랑 포옹하는 거 싫어요. 내 포옹은요, 사랑하는 엄마랑 아빠 또는 아기 때부터 나랑 자주 놀아주고 즐거운 시간을 함께 보낸 할머니, 할아버지를 위한 거예요. 엄마도 낯선 사람이 함부로 껴안으면 싫으실 거잖아요. 왜 나만 그런 걸 참아야 하는 건가요?

엄마, 여기 모르는 사람들이 왜 자꾸 나를 만지고 뽀뽀하고 껴안으려고 하는 건가요? 난 그런 게 정말 싫거든요! 앗, 이 아줌마한테 내 얼굴 만지지 말라고 해주세요. 난 이 아줌마 잘 몰라요. 오늘 처음 봤단 말예요. 그리고 또 이 아줌마한테는 나한테 익숙하지 않은 냄새도 나는 것 같아요.

아 참, 지난번 지방에서 올라오셨던 삼촌이랑 작은엄마도 난 잘 몰라요. 그래서 삼촌이 날 안으려 했을 때 놀라서 울어버린 거예요. 또 제발 쇼핑센터에 있는 산타 할아버지 무릎에 앉으라고 하지 말아주세요. 진짜 무섭단 말예요. 혹시 나중에 내가 좀 더 자라면 하고 싶다고 할지도 몰라요. 그렇지만 지금은 그냥 무서울 뿐이에요.

🐾 나를 위한 조용한 시간을 마련해 주세요

우리가 집에 있을 때면 엄마는 줄곧 바쁘다고 해요. 또 우리가 함께 누군가를 방문할 때는 엄만 내가 아닌 그곳에 있는 다른 어른들하고만 얘기하고요. 엄만 이젠 더 이상 날 사랑하지 않는 것 같아요. 난 엄마랑 함께 놀고 싶단 말예요.

난 엄마가 과자에 장식을 하는 것도 도와줄 수 있고, 엄마가 만든 음식의 간을 보는 것도 할 수 있다니까요. 하지만 그 무엇보다 내게 진짜 필요한 건, 엄마와 내가 함께 앉아서 책을 보거나 이야기를 하는 우리 둘만의 오붓하고 조용한 시간이랍니다.

육아솔루션

어른들의 기분전환이 아이들에겐 스트레스가 될 수 있어요

어른들은 외식이나 쇼핑, 여행을 하면서 쌓인 스트레스를 풀고 기분도 전환합니다. 그러는 동안 방전되었던 에너지를 재충전하기도 하지요. 하지만 어른들이 스트레스를 푸는 방법이 세 살짜리들에게는 오히려 스트레스가 될 수 있답니다. 왜냐하면 거듭 강조하듯 아이는 익숙한 일상 속에서 안정감과 평화로움을 느끼기 때문이죠.

급작스런 외출이나 여행, 또는 친척집 방문 등은 아이에게 스트레스가 될 수 있습니다. 그러니 아이를 위한 배려를 잊지 마세요. 며칠간 집을 떠나는 여행의 경우 그곳에서도 아이가 집에서와 비슷한 일상을 유지할 수 있도록 준비해 주세요. 아이가 피곤해할 때는 외출을 피하는 것이 좋답니다.

내 피부는 정말 민감한가 봐요

일부러 엄마를 힘들게
하려는 게 아니에요!
왜 엄만 내 말에 귀 기울이지 않아요?
이 양말은 진짜 느낌이
이상하다니까요.

진짜 싫어!
까끌까끌~

아침에 가끔 엄마랑 나 사이에 실랑이가 벌어지곤 해요. 엄만 내 잠옷을 벗기고 옷을 갈아입히고 양말도 신기려고 해요. 하지만 엄마, 난 지금 입고 있는 잠옷이 훨씬 더 편해요. 그리고 그 양말은 정말 신기 싫어요.

하지만 결국 엄마 뜻대로 옷을 갈아입고 양말도 신게 되죠. 어떤 날은 특히 더 심하게 엄마한테 떼를 부릴 때도 있어요. 하지만 정말 불편한 걸요.

양말이랑 옷 때문에 우리 둘 다 심술쟁이가 되는 것 같아요. 그런데 양말은 왜 그렇게 느낌이 이상한 게 많은 걸까요? 엄만 양말을 신는 게 아무렇지도 않으세요? 난 그냥 맨발에 샌들을 신고 싶어요. 양말 같은 건 절대로 신지 않을래요.

내 예민한 피부는 미세한 느낌까지 감지한답니다

옷을 갈아입을 땐 머리로 옷을 집어넣고 빼내야 해요. 그런데 코랑 귀랑 머리카락이 걸릴 때도 있어요. 앗, 아파요 엄마! 바지를 입을 때도 마찬가지랍니다. 내 다리를 갑갑한 옷 속에 밀어넣어야 하니까요. 양말은 또 어떻다고요? 마치 발이 꽁꽁 갇혀버리는 것 같은 느낌이 든답니다.

어떤 양말은 신는 순간부터 내 발이 이상해지는 것 같아요. 특히 달리거나 걷거나 심지어는 그냥 신고 있기만 할 때도 이상한 느낌이 떠나지 않거든요. 발이 불편하면 그 어떤 것을 하고 있어도 재미없고, 자꾸 발에만 신경이 쓰여 행복한 기분이 들지 않아요.

엄마를 못살게 굴려고 그러는 것도 아니고 그저 바보처럼 떼를 쓰는 것도 아니라는 걸 이해해 주세요. 이건 나한테는 정말로 심각한 문제인 걸요.

🚗 날 괴롭히는 문제가 뭔지 함께 확인해 봐요

문제가 뭔지 엄마에게 정확하게 설명해 주고 싶은 마음은 굴뚝같지만, 난 아직 그런 느낌을 말로 어떻게 표현해야 할지 잘 모르겠어요. 그러니 그저 내 불편한 느낌을 전달하기 위해 야단법석을 떠는 거라고요.

엄마가 먼저 나한테 "넌 매우 민감한 피부를 가진 아이로구나."라고 말해 주세요. 그래서 어떤 옷들은 불편한 느낌이 들어서 좋지 않을 수 있다는 것도요.

내가 만약 '까끌까끌하다', '몸에 꽉 끼다' 또는 '따끔거리다', '가렵다'와 같은 단어들을 배워서 알게 되면 내 느낌을 제대로 표현하는 데 좀 더 도움이 될 것 같아요. 그럼 난 무작정 소리를 지르고 양말을 집어던지며 난리를 치는 대신 "그 노란 양말은 가려워."라고 말할 수 있을 테니까요.

특히 그 노랗고 호랑이 그림이 그려진 양말을 신으면 내 조그만 발가락들을 움직일 수가 없어요. 정말 너무나 꼭 끼거든요. 사자 그림이 그려진 양말도 싫어요. 그 양말을 신으면 발이 간질간질하고 양말 속에 뭉쳐 있는 실 같은 것들 때문에 발가락이 너무너무 불편하답니다.

가장 편안한 양말은 빨간색 양말이에요. 그 양말은 누워서도 한 번에 신을 수 있는 데다 솔기가 없어서 발가락도 아주 편하거든요. 양말을 꼭 신어야 한다면 매일 그 빨간 양말만 신고 싶어요. 더러워서 냄새가 나더라도 난 상관없어요. 아님 그 양말이랑 똑같은 양말을 여러 켤레 사는 게 어떨까요?

아, 양말 말고 불편한 게 또 생각났다! 입고 있으면 다리나 배꼽 부분이 조여져 점점 가려워지는 바지나 목이 꼭 조이는 스웨터와 셔츠들도 싫어요. 하지만 파란색 운동복이랑 초록색 티셔츠는 좋아요. 느낌이 정말 부드럽고 편안하거든요.

신경전 대신 혼자 옷 입는 법을 가르쳐주세요

이제 난 혼자서 뭔가를 해낼 때가 좋아요. 입을 셔츠를 꺼내 어떻게 입어야 하는지 보여주세요. 그런데 목 부분이 조이지 않는 넉넉한 걸로 준비해 주세요. 셔츠가 내 코랑 귀를 마구 스쳐 내려가는 느낌은 별로 좋지 않거든요.

엄마가 잡아주면 나 혼자 바지를 한번 입어 볼게요. 이렇게 한 구멍에 한 발씩 집어넣으면 되는 거죠? 바지를 허리까지 끌어올리는 건 나 혼자서도 충분히 할 수 있을 것 같아요.

하지만 뭐니 뭐니 해도 난 운동복 바지가 제일 좋아요. 헐렁해서 편안하기도 하지만, 입기도 참 쉽거든요. 와, 저 좀 보세요. 드디어 나 혼자 해냈어요! 옷 입는 걸 배우는 덴 노력이 필요한 것 같아요. 그러니 많이 연습할 수 있게 해주세요.

🦆 옷 입기, 양말 신기도 재미있는 놀이가 될 수 있어요

아침에 일어나면 엄마랑 나는 늘 기분 좋은 포옹을 해요. 난 그게 참 좋아요. 그런 다음 내 장난감들에 눈을 돌리거나 그림책을 펼쳐보기도 하지요. 그런데 이렇게 한번 다른 데 정신을 팔기 시작하면 옷 갈아입기가 너무 싫어진답니다. 그러니까 내가 다른 데 정신이 팔리기 전에 옷부터 갈아입는 것이 좋겠어요. 잠에서 약간 덜 깨어났더라도 말이죠.

엄마, 옷 입는 걸 놀이처럼 만들어볼 수도 있지 않을까요? 엄마가 셔츠를 입히면서 "우리 민호 어디에 있나?" 하고 말하고, 머리가 쏙 빠져나올 때 "까꿍~" 하고 말해 주는 놀이를 하면 정말 재미있을 것 같아요. 그럼 우린 서로 마주보며 깔깔거리고 웃다가 같이 셔츠를 잡아당겨 내리는 거예요. 그럼 이번에 엄마는 "아이고, 우리 잘 생긴 아들 여기 있었네!"라고 말하면서 나한테 소나기 뽀뽀를 해주는 거죠.

엄마가 내 발가락을 갖고 아기 돼지 5형제라고 노래를 불러주는 것도 정말 재미있을 것 같아요. 그런 다음 내 양말에 '후~' 하고 바람을 불어넣고는 재빨리 내 발에 신겨주는 거죠.

엄마랑 함께 하는 놀이는 그게 무엇이든 간에 정말 재미있어요. 아무리 사소한 거라도 말이죠. 이렇게 놀이를 하면서 시작하면 아침 시간이 훨씬 행복해질 거예요.

짜증나는 일상도 놀이처럼 만들면 즐겁게 바꿀 수 있어요

양말이나 옷에 불편함을 호소할 때는 아이의 소리에 귀를 기울여주세요. 왜냐하면 아이들은 자기 몸이 보내는 신호에 매우 정직하게 반응하기 때문입니다. 아름다움을 위해 높은 구두나 꽉 조이는 옷이 주는 불편함을 참아낼 수 있는 어른에 비해서, 아이들은 뭉친 실밥 하나에도 큰 불편함을 느낄 수 있거든요.

옷이나 양말을 고를 때는 모양도 중요하지만 무엇보다 아이가 편안하게 착용할 수 있는지가 중요합니다. 또한 옷을 갈아입힐 때 까탈이 심한 아이라면 옷 입기나 양말 신기를 놀이처럼 만들어보세요. 아이는 엄마와 함께 하는 거라면 그 어떤 놀이도 즐겁게 받아들일 준비가 되어 있답니다.

이 닦는 건 진짜 이상하고 싫어요

그만, 그만요!
싫단 말예요! 우웩~
이거 뱉어 버릴 테야!

엄마가 이 닦을 시간이라고 하네요.

하지만 난 정말 싫어요. 내가 지금 뭘 할지는 스스로 결정하고 싶어요. 난 배를 갖고 놀거나 욕조에 컵을 띄우거나 놀이 찰흙을 가지고 놀거나 목마를 타면서 놀고 싶어요. 그게 훨씬 더 재미있거든요.

그냥 내가 지금 하고 싶은 일을 하면 안 되나요? 꼭 지금 이를 닦아야만 하나요? 하지만 이 닦을 때 느낌이 진짜 별로예요. 싫어요! 이 안 닦을래요. 입을 꾹 다물고 절대로 벌리지 않을 거예요. 그럼 엄마가 아무리 내 입에 칫솔을 들이댄다고 해도 내 입 속으로 쉽게 집어넣을 순 없겠죠?

꼭 해야 하는 거라면 나도 참여시켜 주세요

이를 반드시 닦아야만 하는 거라면 내 칫솔만큼은 스스로 고를 수 있게 해주세요. 그리고 칫솔을 잡을 때도 엄마랑 같이 잡을 수 있게 해주고요. 처음엔 활짝 웃는 이빨의 앞부분을 닦을 거라고 말해 주고, 그 다음엔 하품하는 이빨의 안쪽을 닦을 거라고 알려주세요.

웃는 이빨부터 닦을지, 아님 하품하는 이빨부터 닦을지는 내가 결정할래요. 다 닦고 난 후에는 잘 닦았는지 거울을 보며 스스로 얼마나 깨끗해졌는지 확인하게 해주세요. 그리고 엄마가 이를 닦은 후에는 엄마 이가 깨끗하게 잘 닦여서 반짝거리는지 내가 확인해 볼래요.

참, 왜 엄마 이빨에는 군데군데 썩은 이빨을 치료한 흔적이 남아 있는지, 또 이빨 치료를 받을 때 얼마나 번거롭고 힘든지에 대해서도 설명해 주세요. 이빨을 깨끗하게 닦아야 하는 이유를 알면 내가 좀 더 잘 닦아야 한다고 생각하게 될지도 몰라요.

자, 이젠 거울을 보며 내 이빨을 확인해 봐요. 와! 내 이빨은 전부 깨끗해졌어요. 그런데 엄마, 내 봉제 강아지 진돌이를 위한 칫솔도 하나 사주세요. 강아지도 이를 닦아야 하는 거 맞죠?

이 닦는 걸 기분 좋은 일로 느끼게 해주세요

사실 난 이 닦는 게 아직도 많이 이상하고 무섭기만 해요. 입 안 가득 이상한 거품이 꽉 차게 되거든요. 그리고 칫솔이라는 딱딱하고 거친 물건이 내 입 안 여기저기를 쑤시며 돌아다니는 느낌이 여전히 낯설어요.

엄마랑 같이 치과에 가면 어떨까요? 치과 의사 선생님이 안 아프고 덜 무서운 방법으로 이 닦는 법에 대해 친절하게 가르쳐 주실지도 모르잖아요. 어쩜 나 같은 꼬마 애들을 위해 만들어진 작고 특별한 칫솔을 줄지도 모르죠. 또 아침엔 나 혼자 닦아도 되지만 저녁엔 꼭 엄마랑 함께 닦아야 한다고 말해 줄지도 몰라요. 의사 선생님이 건강한 치아를 위해 꼬박꼬박 이를 깨끗이 닦아야 한다고 말씀하시면 들을 거예요.

하지만 엄마가 잔소리처럼 이야기할 땐 듣지 않으려 할지도 몰라요. 왜냐하면 난 요즘 독립적인 사람이 되기 위해 되도록이면 엄마에게 많이 의존하지 않고 내 맘대로 하고 싶거든요. 그래서 엄마가 자꾸 일방적으로 이래라저래라 이야기하면 내 반항심만 부추기게 된답니다. 혹시 요즘 내가 그런다는 거 엄마도 눈치채고 계셨나요?

아이가 싫어하는 행동일수록 자발성을 이끌어내야 해요

아이에게 양치질은 개운하고 상쾌하다기보다 괴롭고 귀찮고 하기 싫은 일상 중 하나일 수 있습니다. 하지만 싫어한다고 방치했다가 유치가 상할 수 있고, 또 세 살 버릇이 여든 간다고 자라서도 치아 관리에 소홀할 수 있습니다. 그렇다고 매번 아이가 클 때까지 붙잡아놓고 강제로 칫솔질을 해줄 수도 없는 노릇이지요.

우선 이 닦기가 왜 필요한지 아이 눈높이에 맞춰 설명해 줄 필요가 있습니다. 또한 치아 관리를 잘못했을 때 어떤 불편함을 겪게 되는지에 대해서도 설명해 주세요. 그리고 아이 전용 칫솔과 치약을 직접 고르게 해주거나 이 닦기와 관련된 그림책 등을 보여주어 아이가 치아를 청결하고 건강하게 관리하는 데 주도적인 역할을 할 수 있게 도와주세요.

Part 07

엄마는 오직 나만의
엄마란 말예요

싫어요! 엄마는 나만 사랑해 주세요. 동생이랑도 형아랑도, 또 아빠랑도 엄마를 함께 나누긴 싫어요. 왜냐하면 엄마는 세상에서 내가 제일 좋아하는 사람이니까요. 엄마한테도 내가 그런 사람인 거 맞죠?

난 불안하답니다. 혹시 엄마가 더 이상 나를 사랑하지 않으면 어쩌나 하는 생각 때문에요. 지금은 그저 사랑하고 또 사랑해 주세요. 그럼 난 자라서 내가 받은 사랑을 남에게 돌려줄 수 있는 너그럽고 따뜻한 사람으로 자라게 될 거예요.

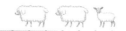

첫 번째
에피소드

난 엄마가 세상에서 제일 좋아요

엄마는 내게 노래도
불러주고 꼭 껴안아 주기도 해요.
그럼 나도 엄마를 꼭 껴안아요.
아빠 가세요! 난 엄마랑 있을 거예요.

소외…
침울…

우리 엄마는 진짜 특별한 사람이에요. 날 항상 돌봐주신답니다. 엄마랑 나 사이에만 알고 있는 아주 특별한 약속들이 있어요.

그게 뭐냐고요? 음, 예를 들면 이를 닦고 난 후엔 엄마랑 함께 토끼처럼 욕실에서 뛰어 나오고요. 엄마가 주스 뚜껑을 열어주면 내가 컵에 붓는 거예요. 그리고 내가 "히야~" 하면 엄마가 "야호~~"라고 답해 준 다음 '쪽쪽' 뽀뽀를 해주는 거랍니다.

엄마는 나를 잘 알아요. 또 나도 엄마를 잘 알죠. 우리가 서로에 대해 잘 알고 있다는 건 나를 행복하게 해요. 그래서 엄마랑 함께 있으면 마음이 든든해지고 편안해져요. 점점 엄마 품을 떠나는 큰아이가 된다는 건 나도 알고 있어요. 그렇지만 아직은 엄마 품이 좋아요. 뭐든 맘대로 안 되는 그런 날에는 특히나 엄마가 더 간절히 필요하답니다.

아빠도 물론 좋지만 엄마가 더 좋아요

내가 주스를 먹고 싶다거나 과자가 먹고 싶다고 할 때, 해결해 주는 사람은 주로 엄마예요. 물론 아빠가 해줄 때도 있죠. 하지만 아빠 가끔 내 말을 잘 알아듣지 못하는 것 같아요. 아빠 또 컵이 어디 있는지, 과자를 어디에 두었는지 엄마한테 물어봐야 하잖아요. 그러느니 처음부터 엄마한테 부탁하는 편이 훨씬 더 쉽거든요.

엄만 항상 엄마가 날 위해 해주어야 하는 일들에 대해 잘 알고 있어요. 왜냐하면 엄마랑 난 많은 시간을 함께 보내잖아요. 그래서 아침에 일어나면 내가 제일 먼저 뭘 해야 하는지, 내가 곰돌이 없이는 아무 데도 가지 않는다든지, 내가 제일 좋아하는 아이스크림이 무엇인지는 엄마가 이미 다 알고 있어요. 만약 아빠가 날 좀 더 자주 돌봐준다면 아빠도 엄마만큼 잘해낼 수 있다는 걸 알게 될 거예요. 틀림없다니까요!

아빠가 날 재우려고 노력할 때 내가 말을 안 듣는다고 해서 화를 내면 안 돼요. 대신 이렇게 말해 주면 어떨까요? "엄마가 재워주었으면 하는 네 마음 아빠도 잘 알고 있어. 엄만 최고니까 말이야. 하지만 지금은 엄마가 널 도와줄 수 없거든. 그러니까 오늘은 아빠가 재워줄게."라고 말예요. 그리고 곧 엄마가 돌아와서 뽀뽀하고 안아줄 거라는 말도 꼭 해주세요.

🚙 아빠와 나만의 특별한 시간을 만들어봐요

아빠랑 내가 같이 할 수 있는 재미있는 일들이 많을 것 같아요. 엄마랑은 할 수 없는 일들 말예요. 내가 세차하는 거 도와드릴까요? 아니면 아빠가 사용하는 연장들을 내게 보여주는 건 어때요?

또 아빠가 뭔가를 사러 나가실 때 "같이 갈래?" 하고 물어보신다면 난 아마 싫다고 말할지도 몰라요. 대신에 "아빠 5분 후에 철물점에 갈 건데 아빠가 못 사는 거 우리 한별이가 도와주면 좋겠다."라고 하시면 신이 나서 따라갈지도 모른답니다.

엄만 언제나 내 가까이에 있어요. 하지만 엄마가 아빠랑 나만 남겨두고 혼자 영화를 보러 가거나 친구를 만나러 가면 어떻게 하죠? 엄마가 내 곁에 없으면 난 한동안 막 소리를 지르고 울면서 엄마를 찾을지도 몰라요.

하지만 내가 진정이 되고 나면 아빠랑 내가 함께 할 수 있는 재미있는 일을 찾아보는 거예요. 어쩌면 아빠랑 나만의 특별한 놀이를 찾아낼 수도 있을 테고요. 그럼 다음번에도 또 아빠와 함께 지낼 시간들을 기다리게 될 거예요.

아빠가 육아에 적극적일수록 아이의 행복지수도 올라갑니다

아빠가 야근이 많고, 주말이나 휴일에도 아이와 집에서 보내는 시간이 적다면, 아이는 아무래도 엄마랑 보내는 시간이 더 길어집니다. 그러면 아이는 아빠를 낯설어하고 엄마를 더 따르기도 할 거예요. 게다가 아빠가 아이와 엄마 사이에서 융화되지 못하고 겉돌 경우 점점 더 육아에 참여하기 힘들어집니다.

많은 연구에서 아빠가 육아에 적극적인 가정의 아이들이 발달이나 사회성 등에 있어 그렇지 못한 가정의 아이들보다 우수한 것으로 나타나고 있습니다. 바쁘고 피곤해도 아이와 함께 보낼 수 있는 시간을 마련해 주세요. 아이는 엄마의 사랑뿐 아니라 아빠의 사랑도 간절히 원한다는 걸 잊지 마세요.

두 번째
에피소드

엄마랑 노는 게 제일 재미있어요

야호, 엄마!
드디어 일을 다 끝내셨네요!
엄마가 청소기랑 세탁기 돌리고
설거지 다 할 때까지 기다렸어요.
자, 이제 나도 엄마의
관심을 받게 되겠죠?
나랑 같이 놀아요, 엄마!

놀아 ~

엄마랑 같이 놀고 싶어요. 엄마랑 함께 블록 놀이를 할 때, 엄만 블록들을 높이 쌓아 올릴 수 있는 새로운 방법을 보여주시곤 해요. 우리는 함께 큰 집도 만들죠. 또 내가 자동차를 타면 엄마는 진짜 빠르고 재밌게 밀어주세요. 얼마나 신 나는지 몰라요. 소파 방석들로 요새를 만들 때도 엄마가 무너지지 않게 도와준답니다. 그런 다음 인형이랑 담요랑 잔뜩 모아서 내 요새 안으로 넣는 것도 도와주고요.

엄마랑 함께 놀면서 나는 많은 걸 배워요. 내가 뭔가를 생각하고 문제를 해결할 수 있게 도와주고, 또 지금 하고 있는 게 뭔지 쉽게 이해할 수 있게 얘기해 주거든요.

또 엄마는 언제나 내가 원하는 걸 함께 해줘요. 가끔 다른 아이들과 함께 놀 때, 그 애들은 나를 때리기도 하고 내 장난감을 뺏어가기도 해요. 하지만 엄마랑 놀 땐 그런 일들 따윈 걱정하지 않아도 된답니다. 엄만 정말이지 완벽한 최고의 내 친구예요.

하루 종일 나하고만 놀면 안 되나요?

엄마가 다른 일은 안 하고 내 옆에 꼭 붙어 앉아서 나하고만 놀 때가 나는 가장 좋아요. 그게 하루 중 내가 가장 좋아하는 시간이죠. 하지만 대개는 내가 엄마하고 같이 놀자고 하면 엄만 다른 바쁜 할 일이 있어서 안 된다고 해요. 잠깐만요! 난 엄마가 필요해요.

그 시간을 엄마가 좋아하는지는 상관없어요. 난 놀아야 한단 말예요. 그리고 엄만 그렇게 해줄 수 있는 유일한 사람이에요.

어쨌든 나는 매일 엄마랑 함께하는 시간이 필요해요. 엄마가 나하고 놀아줄 때까지 졸졸 따라다니면서 방해하고 떼쓰고 조를 거예요. 차라리 하루 중 일찍 나랑 먼저 놀아주는 게 엄마한테 더 좋을지도 몰라요. 왜냐하면 미루고 미루다가 엄마의 에너지가 거의 다 떨어졌을 때 나랑 놀아주려면 엄마도 무척 힘들 테니까요.

일단 엄마랑 같이 시간을 보내고 나면 놀거리를 찾아 나 혼자서도 잘 놀 수 있어요. 예를 들어 어린이집에서 돌아오면 같이 앉아서 그림책을 읽고 엄마랑 꼭 껴안은 다음에는 나 혼자서도 놀 수 있거든요.

저녁 먹기 전에 크레용이나 놀이 점토를 주시면 엄마 근처에 앉아 나 혼자서도 재밌게 놀 수 있어요. 그럼 내가 도움이 필요할 때마다 엄마가 도와주실 수도 있고, 내가 그리거나 만든 걸 엄마한테 자랑할 수도 있잖아요. 또 엄마의 일을 조금 도와줄 수 있을지도 모른답니다. 작은 거울을 닦는 일이나 휴지를 쓰레기통에 버리는 일 같은 건 나도 할 수 있거든요.

항상 내 옆에 있어줄 거라는 믿음이 필요해요

가끔 엄마가 힘들어하면서 무섭게 말하면 나는 겁이 나요. 다 그만두고 싶다고 말할 때 있잖아요. 그럴 때 나는 어떻게 해야 할지 잘 모르겠어요. 엄마도 타임아웃이 필요한 거예요? 원래 타임아웃은 말썽 부리는 애들한테나 주는 거라는데, 혹시 엄마 무슨 나쁜 일 하셨어요? 너무 걱정되어요.

엄마, 언제 다시 내 엄마로 돌아올 수 있어요? 그럼, 시간을 맞춰놓고 30분 동안 엄마가 원하는 일을 하는 건 어때요? 예를 들면 책을 보거나 음악을 듣는 것 같은 거요. 엄마가 많이 힘들 땐 그냥 엄마도 조용히 혼자 쉴 시간이 필요하다고 말해 주세요. 그럼 난 그동안 엄마 옆에 앉아서 그림책을 보거나 색칠 놀이를 할게요.

두세 살짜리에게 아직까지 엄마는 절대적인 존재랍니다

아이가 슬슬 독립심을 보이고 엄마 품을 벗어나려는 시도를 하지만, 아이에게 엄마는 여전히 자신의 요구를 제일 잘 아는 사람입니다. 또 아직 폭넓은 사회관계를 갖지 못한 아이의 가장 친한 친구이기도 하고요. 머릿속에 제아무리 생각과 상상력이 넘쳐난다고 해도 아이는 아직 이를 제대로 정리해서 풀어낼 능력이 발달하지 못한 상태랍니다.

따라서 놀이든 뭘 할 때든 간에 그런 상상력이나 생각들을 정리해 줄 누군가가 필요해요. 이때 엄마는 누구보다 아이를 잘 알고 있기에 최상의 적임자입니다. 밀리는 집안일이 걱정되겠지만, 아이가 무섭게 성장하는 시기에 함께 놀아주는 건 그 어떤 집안일보다 중요하다는 걸 꼭 기억하세요.

세 번째
에피소드

나 말고 또 다른 아기가
왜 필요하죠?

옆집 아줌마가 나한테
아기 동생이 생겨서
좋으냐고 물어봤어요.
근데 무슨 아기요?
엄마의 아기는 바로 난데요.

쳇

엄마, 대체 왜 남동생이나 여동생이
필요한 거예요? 내 친구 윤아는 쌍둥이 남동
생이 있고, 연우는 아기 여동생이 있대요. 연우가
그러는데 자기 동생이 하는 일이라곤 울고 먹고 싸는 것뿐이래요.
그나저나 우린 여동생과 남동생 중 어느 쪽을 갖게 되는 건가요?
또 아기들은 어디에서 데려오는 거죠? 그럼 혹시 동생 말고 형도 데
려올 수 있는 건가요?

난 여전히 소중한 존재고, 사랑한다는 믿음을 주세요

엄만 늘 내가 엄마의 특별한 아기라고 하셨어요. 혹시 내가 싫어
져서 엄마가 새 아기를 데려오시는 건가요? 아기가 태어난 후에도
엄만 날 여전히 사랑하시나요? 난 여전히 엄마의 사랑스러운 아기
이고, 엄만 나랑 아기 동생을 모두 다 충분히 사랑할 수 있을 만큼
사랑이 넘치는 거 맞죠?

엄마, 날 꼭 안아주고 뱃속의 아기 사진도 꼭 나랑 같이 봐요. 그
러면서 내가 태어났을 때 엄마가 얼마나 행복했는지 얘기해 주세
요. 난 그 이야기가 참 좋아요. 아무리 여러 번 듣고 또 들어도 질
리지 않는답니다.

그리고 아기 물건 사러갈 때 나랑 같이 가는 거 잊지 마세요. 사
람들이 나는 제쳐두고 아기에 대해서만 얘기하면 난 더 이상 아무

도 날 사랑하지 않는 것 같아서 무서워져요. 내가 형이니까 아기를 위해 여러 가지 준비하는 걸 돕게 해주세요. 그게 형이 동생을 위해 할 수 있는 일인 것 같아요. 아기 동생을 위해 장난감도 골라 줄 수 있고요, 아기 방 준비하는 것도 도울 수 있거든요. 내가 큰 도움이 되었다는 말을 들으면 진짜 기분이 좋아질 거예요.

🌱 아기에 관해 더 많은 것들을 알려주세요

내가 엄마를 잘 도와주려면 아기에 대해 잘 알고 있어야 해요. 도서관에 가서 아기에 관한 책을 읽어보는 것도 좋겠어요. 형이 아기를 안고 있는 그림이 있던 그 책 다시 한 번 읽어요, 네? 엄마 친구한테 아기 보러 가도 되는지 물어봐 주세요. 어쩜 내가 아기를 안아주는 걸 좋아하게 될지도 모르잖아요.

연우가 그러는데, 자기네 집 아기는 하루 종일 운대요. 아기들은 대체 왜 우는 걸까요? 저도 속상하거나 기분이 나쁘면 눈물이 나는데, 아기도 그런 걸까요?

아기 인형을 가지고 아기 돌보는 놀이를 해보는 것도 재미있을 것 같아요. 언제쯤 되면 동생이 나랑 같이 트럭 놀이나 기차 놀이를 할 수 있을까요?

엄마, 어디 많이 아픈 건 아니죠? 요즘 자주 병원에 가시잖아요. 대체 아기는 언제 만날 수 있는 거예요? 그리고 아기는 어떻게 나오나요? 산부인과가 뭐 하는 곳이죠? 나도 같이 가서 볼 수 있나요? 엄마가 병원에 가 계시면 대체 누가 날 돌봐주죠?

엄마, 우리 같이 병원 놀이 하면 어떨까요? 여기는 병원이에요. 엄마는 여기 누우세요. 내 인형은 아기고 이제 나는 의사가 된 거예요.

좋아요. 이제 우리 집에 아기가 오는 것에 대해 정확하게는 모르겠지만, 그래도 대충은 알게 된 것 같아요. 그런데 엄마, 혹시 내가 아기를 좋아하지 않으면 도로 데려다 줄 수도 있는 건가요?

엄마의 사랑이 변치 않을 거란 믿음을 주는 게 중요해요

새로 태어날 형제자매와 엄마를 기꺼이 나누기엔 아이가 아직 어리답니다. 태어날 아기에게 자연스럽게 사랑과 관심을 느낄 수 있도록 아기가 태어나기 훨씬 전부터 동생맞이에 적극 참여시켜 주세요.

한편으로는 관심의 초점이 너무 아기에게만 기울지 않도록 배려해 주세요. 아이가 가장 불안해하는 건 바로 엄마의 사랑이 멀어질지도 모른다는 것입니다. 동생이 있어도 아이를 사랑하는 마음엔 변함이 없다는 걸 아이가 확신할 수 있게 신경 써주세요.

아기 미워! 도로 갖다 주세요

> 엄마, 미워!
> 이제 내 엄마가 아닌 것 같아요.
> 이제 아기만의 엄마가 된 것
> 같단 말예요. 그 앨 원래 있던 데로
> 갖다 주세요! 난 내 엄마를
> 되찾고 싶어요!

훌쩍   훌쩍

으앙~~

엄만 내가 누나가 되는 게 멋진 일일 거라고 하셨잖아요. 하지만 엄마 생각이 완전히 틀린 것 같아요. 누나가 된다는 건 하나도 멋진 일이 아니에요. 예전과 같은 게 하나도 없거든요. 난 익숙한 게 좋은데, 이렇게 엉망으로 달라진 생활은 절대로 내가 바라는 게 아니란 말예요. 엄만 어느 날 아빠가 새 아내를 집에 데려와서 아빠를 그 새 아내와 함께 나눠 써야 한다면 기분이 어떻겠어요?

아기가 오기 전엔 엄만 오직 나만의 엄마였어요. 내가 과자를 달라고 하면 주었고, 매일 그림책을 함께 읽었고, 또 내가 곰돌이나 블록을 가지고 놀 때면 날 보면서 따뜻하게 미소 짓곤 하셨어요.

그런데 지금은 어떤가요? 과자가 먹고 싶다고 하면 엄만 나보고 기다리라고 해요. 아기 젖 주어야 한다면서요. 함께 책이라도 보려하면 아기가 울기 시작하고, 그럼 엄마는 날 떠나 그 녀석한테 가버려요. 그런 다음엔 아빠가 오셔서 이젠 잘 시간이라며 불을 꺼버리죠. 안 돼요! 난 아직 잠잘 준비가 안 되었단 말예요!

엄마, 내 책을 읽어주세요. 오늘 엄만 나를 보며 웃어주지도 않았어요. 하루 종일 온통 아기만 뚫어져라 바라보며 웃어주었단 말예요. 이제 나 같은 건 눈에 들어오지도 않는 건가요? 도대체 아기가 왜 그렇게 좋은 거죠? 엄마가 날 진짜 좋아하고 사랑한다면 왜 다른 아기를 또 데려오신 거예요?

🥔 그럼 나도 이제부터 아기처럼 굴래요

엄마! 나 우유병 주세요. 안 돼요! 그건 내 딸랑이란 말예요. 나도 아직 아기랍니다. 아기가 울 때면 엄만 달려가서 얼른 안아주시잖아요. 그 녀석은 뭐든 필요한 건 혼자 모조리 가져버리는 것 같아요. 하지만 나에겐 기다림뿐이죠. 아니면 혼자 놀 거리를 찾아야해요. 전엔 언제나 엄마와 함께 했는데 말이죠.

만약 내가 세 살이 아니고 아기라면 엄마가 나하고 시간을 더 보낼지도 몰라요. 아기가 된다는 건 어쩐지 좋은 점이 참 많은 것 같아요. 엄마가 안아주기도 하고, 젖도 주고, 노래도 불러 주고요. 또 내 담요랑 딸랑이도 가질 수 있거든요. 그러니까 내가 진짜로 아기처럼 행동하면, 그건 내가 엄마의 사랑을 아주 많이 원하고 있다는걸 간접적으로 표현하고 있는 거랍니다.

🚗 큰아이로서도 사랑받는다는 확신을 주세요

나더러 아기처럼 굴지 말라는 말은 하지 마세요. 그럼 난 정말 무서워져요. 엄마가 날 더 이상 사랑하지 않을까 봐 겁이 나거든요. 나도 엄마의 아기가 되고 싶어요. 날 안아주세요. 내가 떼쓰면 우유병을 주세요. 그리고 난 항상 엄마의 사랑스러운 아기라는 걸 확신시켜 주세요. 내가 지금보다 훨씬 더 커져도 말이죠.

엄마, 내가 아기였을 때의 사진을 함께 봐요. 그리고 지금은 많이 컸다고 말해 주세요. 엄만 날 항상 사랑했고 지금도 역시 너무나 사랑하고 있다고 말해 주세요. 난 사랑한다는 말을 많이 들어야 해요. 그 말은 아무리 많이 들어도 질리지 않거든요. 엄마가 나랑 아기를 어떻게 동시에 똑같이 사랑할 수 있는지 잘 모르겠다는 생각이 들 때마다 불안하고 속상해져요.

또 아기는 할 수 없고, 나처럼 조금 큰 아이만 할 수 있는 일들에 대해 생각해 봐요. 아기는 아이스크림을 먹을 수 없고, 미끄럼틀도 탈 수 없어요. 또 세발자전거도 못 타죠. 와! 그러고 보니 아기가 못 하는 것들이 많이 있네요. 내가 할 수 있는 것들을 목록으로 만들어도 좋겠어요.

엄마, 엄마의 사랑을 받기 위해서 꼭 아기처럼 행동할 필요는 없다고 말해 주세요. 그냥 "엄마, 안아주세요."라고 말하기만 하면 된다고 알려주세요. 생각해 보니 큰아이가 되는 것도 꽤 괜찮은 것 같네요. 하지만 모두 아기에게만 관심을 쏟는 것처럼 느껴질 땐, 또 금세 이런 사실을 잊어버리고 말아요. 내가 세 살이 되었다는 것에 대해 기분 좋게 느낄 수 있으면 아기처럼 행동하지 않으려 할 거예요.

하지만 내게 너무 많은 것을 기대하지는 말아주세요. 어쨌든 엄마를 그 녀석과 나눠야 한다는 게 나로선 결코 쉬운 일이 아니거든요. 그래도 아기보다 내가 먼저 태어났으니까 지금도 엄마한텐 내가 첫 번째인 거 맞죠?

예전처럼 평화로운 일상을 보낼 수 있게 해주세요

매일 아침 엄마가 내 방에 들어오면 미소 띤 얼굴로 "잘 잤니, 우리 아기?"라고 말해 주곤 했어요. 또 매일 저녁 소파에 같이 앉아서 내가 가장 좋아하는 텔레비전 프로그램을 보기도 했고요. 또 내 이도 닦아주었고, 책도 읽어 주었어요. 하지만 지금은 혼자 텔레비전을 봐야 하고 혼자 일어나야 해요. 책은 읽을 수조차 없고 말예요. 너무 많은 것이 변해 버렸어요. 이런 변화는 진짜 무서워요. 왜 예전처럼 할 수 없는 건가요?

엄마 아빠는 나한테 세상에서 가장 중요한 사람들이에요. 그런데 아기가 우리 집에 오고 나서는 아빤 나랑 놀아주는 걸 잊어버린 것 같아요. 아빠랑 함께 데굴데굴 뒹굴며 놀 때가 그리워요. 우린 서로 씨름도 했고, 아빠가 날 다리에 얹어놓고 비행기도 태워주셨잖아요. 아, 또 있다! 의자 위에 올라가서 같이 낚시 놀이도 했어요.

하지만 엄마, 난 누구보다 엄마가 제일 그리워요. 엄만 나한테 최고의 엄마니까요. 내 그네도 밀어주고 내가 장난감 자동차를 운전하는 동안 나랑 얘기도 하고 공원에 나가서 산책도 하고, 놀이터 모래밭에서 함께 땅도 파고 말이죠. 이젠 엄마랑 그 어떤 재미있는 놀이도 하지 못해서 슬퍼요. 엄마랑 나 둘이서만 옛날처럼 시간을 보낼 수 있게 아빠가 잠깐 동안 아기를 돌봐주는 건 어떨까요? 그럼 난 진짜 행복할 것 같아요.

아기 때문에 속상하기도 하지만, 난 사실 아기한테 관심이 많아요. 아기 손 좀 보세요. 진짜 너무너무 작아요. 내가 아기한테 장난감을 줬는데 녀석은 별로 갖고 놀고 싶지 않은 모양이에요. 난 이제 누나니까 엄마를 도와줄 수 있는 일이 많아요. 엄마가 아기 기저귀를 갈아줄 때 엄마에게 물티슈랑 새 기저귀를 가져다줄 수 있어요. 또 아기를 살살 쓰다듬어줄 수도 있죠.

아기한테 어떻게 웃어주는지 보여주세요. 아기가 우는 건 자기의 필요를 알리기 위한 거라고도 말해 주세요. 그럼 난 아기도 나처럼 뭔가가 필요한 게 있는 사람이라고 생각하게 될 거예요.

하지만 나하고 아기만 놔두고 방을 나가지는 마세요. 난 아직 아기에 대해 잘 모르는 데다 자칫 사고로 다치게 할 수도 있거든요. 어떤 때는 아기를 사랑하는 게 힘들 때도 있고요. 그럴 땐 나도 모르게 아기를 못살게 굴지도 몰라요. 특히 내가 화가 많이 나기라도 한 날은 아기를 때리려고 할 수도 있어요.

그럴 땐 무조건 소리 지르면서 야단치지 마시고 "네가 아기한테 화가 많이 났다는 거 잘 알아. 하지만 아기를 다치게 하는 행동을 하면 엄마도 화가 나."라고 말해 주셔야 해요. 그리고 날 꼭 안아준 다음 아기가 생겨서 우리 가족 모두에게 큰 변화가 찾아왔고, 그래서 때때로 힘들지도 모른다는 걸 알려주세요.

아, 그리고 내가 아끼고 좋아하는 것들은 절대 아기한테 주면 안 돼요. 비록 오랫동안 딸랑이를 가지고 놀지는 않았지만, 그건 여전히 나한테 소중한 거란 말예요. 내 걸 주는 건 마치 내 일부를 주는 것 같아서 기분이 몹시 나쁘거든요.

어떤 장난감을 아기한테 빌려주면 좋을지 나한테 물어봐 주세요. 내 생각엔 장난감 중 몇 개는 아기한테 빌려줄 수도 있을 것 같아요. 하지만 더 이상은 안 돼요!

퇴행 현상은 더 많은 관심이 필요하다는 걸 의미합니다

형이나 언니로서 관대하게 동생을 포용하기엔 아직 너무 어린 나이입니다. 게다가 아기가 태어나면 엄마는 온종일 갓난아기에게서 눈을 뗄 수 없는 게 현실이지요. 자신에게 집중되던 엄마의 관심이 하루아침에 멀어졌다고 생각하면 아이가 동생에 대해 부정적인 감정을 갖게 되는 건 너무나 당연한 일입니다. 이제 더 이상 아기가 아니라서 사랑받지 못한다는 생각에 아기가 하는 행동을 따라하는 퇴행이 나타나기도 하고요.

이런 퇴행은 충분히 받아주고 속상한 아이의 마음을 부드럽게 달래주면서 큰아이라서 좋은 점을 아이에게 알려주세요. 무엇보다 육아에 적극적인 아빠의 도움이 절실히 요구되는 때입니다.

이 녀석 때문에 내 삶은 엉망진창이에요

쳇! 갓난아기 땐 걸핏하면 울어서
모두가 저 녀석만 바라봤어요. 그럴 때마다
난 꾹 참고 혼자 놀아야 했죠.
그런데 지금은 이 녀석이 여기저기
기어다니면서 내 장난감들까지
엉망진창으로 만들고 있다고요!

끈~적

뚜욱~

오물

오물

내 동물 장난감들을 일렬로 세우고 있었는데 민이가 기어와서는 장난감들을 다 넘어뜨렸어요. 난 "안 돼!"라고 소리치고는 아기를 때렸죠. 아기가 먼저 날 화나게 했거든요. 그런데 또 나한테 기어오더니 내 옷을 움켜쥐고는 내 머리카락을 잡아당기지 뭐예요. 에잇! 저리 가란 말이야!

그런데 민이가 내 트럭을 집어들었어요. 그건 내가 제일 좋아하는 장난감이란 말예요. 그래서 내 트럭을 다시 빼앗아 왔죠. 그랬더니 민이 녀석이 울기 시작하는 거예요.

그 녀석은 내 아기 침대랑 내 카시트랑 내 옷까지도 다 가져가 버렸어요. 하지만 내 장난감만큼은 절대 양보할 수 없어요. 그 녀석이 울 때마다 엄만 왜 나한테만 소리치고 야단치는 건가요? 이건 그 녀석 잘못이란 말예요. 그럼 엄만 내가 민이한테 당하면서 그 녀석이 하는 대로 멍청하게 지켜보기만 해야 한단 말인가요?

장난감을 동생과 함께 나눌 거라는 기대는 마세요

난 이제 겨우 세 살이에요. 아기 때와 달리 세상을 탐구하고 내 자립심을 확인하며 지내야 하는 나이가 되긴 했지만, 아직 내 것을 동생과 나눌 준비는 되지 않았답니다. 게다가 말도 조리 있게 잘 못하고요, 자제심도 없고, 아기랑 사이좋게 노는 방법도 잘 몰라요.

엄만 아기가 너무 어려서 그 트럭이 내 거라는 걸 모른다고 하셨어요. 그러니까 그냥 가지고 놀게 내버려두라고요. 하지만 안 돼요! 내 거란 말예요. 어떻게 하면 내 걸 지킬 수 있죠?

게다가 엄만 내가 하면 안 될 것들에 대해서만 얘기해요. "민이를 때리지 마라.", "민이한테서 장난감을 빼앗지 마라." 등등요. 그럼 난 뭘 할 수 있나요? 나도 엄마의 도움이 필요한 세 살짜리랍니다.

엄마, 동생 장난감이랑 내 장난감을 구분해 주세요. 또 나에게 장난감을 담을 상자 두 개를 주세요. 상자 하나는 동생한테 잠시 빌려줘도 괜찮은 장난감들을 담을래요. 여기에 담긴 장난감들이라면 어떻게 움직이는지 민이한테 보여주기도 하고 가지고 놀라고 기꺼이 빌려줄지도 모르죠.

하지만 또 다른 상자에는 내가 가장 좋아하는 장난감들을 담을 거예요. 여기에 있는 장난감들은 동생과 함께 나눌 수 없는 것들이에요. 이 특별한 상자는 동생 손이 안 닿는 곳에 놓아둘래요. 그럼 난 민이가 쿨쿨 낮잠 자는 동안에만 몰래 갖고 놀면 되니까요.

내 입장에서도 생각해 주세요

아기가 온 다음부턴 내가 일부러 말썽을 피우는 것처럼 보일 수 있어요. 엄마, 내게 이렇게 말해 주면 안 될까요? "동생이 네 장난감을 맘대로 만지고 또 네 것을 엉망으로 만들어서 너무 힘들지?

엄마도 아주 잘 안단다."라고 말예요. 그리고 또 동생이 손에 쥐고 있는 장난감을 억지로 뺏지 말라고 가르쳐주세요. 동생을 때리는 것도 나쁜 행동이라고 말해 주고요. 엄마의 도움이 필요할 때 엄마한테 말하면 도와줄 거라고도 해주세요.

참, 동생한테 다른 장난감을 보여주고 내가 원하는 걸 되돌려 받는 법도 가르쳐주면 좋겠어요. 그럼 내가 엄마한테 자꾸 달려갈 일이 줄어들 거예요. 내 공간에 아기와 함께 있는 것도 일종의 모험이 될 것 같아요. 하지만 가끔은 동생한테 방해받지 않고 나 혼자 놀고 싶어요.

아기도 어리지만 세 살도 어린 나이라는 걸 기억하세요

아기가 요람을 벗어나 기어다니기 시작하면 이것저것 호기심을 갖게 되고 이 때 또 다른 갈등이 생겨납니다. 세상에 대한 호기심은 충만하고 먼저 태어난 형이나 언니보다 분별력이 훨씬 없는 아기는 집안 이곳저곳을 마음껏 휘젓고 다니게 되니까요. 형이 아끼는 장난감을 맘대로 집어들 수도 있고, 공들여 쌓은 블록을 무너뜨릴 수도 있습니다. 불끈 화가 치민 아이가 동생을 때릴 수도 있고요.

이럴 때마다 보통은 형이니까 참고 이해해야 한다고 야단치며 타이르게 되지요. 하지만 세 살짜리도 아직 완전한 분별력을 갖추지 못한 어린아이라는 걸 잊지 마세요. 동생만 감싼다면 엄마가 자기만 미워한다며 야속하게 생각할 것입니다.

여섯 번째
에피소드

형이 야단맞는 게 좋아요

엄마의 관심을 끄는
좋은 방법은 형한테 싸움을 걸어서
형을 화나게 하는 거예요.
그럼 엄마가 달려와 내 편을
들어주실 테니까요.

헤헤

사악~

네······.
이씨!

부르르

형은 체육관이랑 수영장에도 가요. 엄마랑 난 형을 지켜보기만 하죠. 형은 혼자 나가서 친구들과 놀기도 해요. 하지만 난 밖에서 놀 땐 항상 어른이랑 같이 있어야만 하죠. 형은 나보다 자유롭게 더 많은 것을 하고 또 좋은 것들은 다 갖는 것 같아서 샘이 나요.

그래서 어느 날 형이랑 집에서 같이 놀고 있을 때 형이 오랜 시간 공들여 만든 탑을 무너뜨려 버렸어요. 그러자 형이 나를 밀치며 내 손을 때리는 거예요. 난 마구 소리를 질러댔죠. 그랬더니 엄마가 달려오셨어요. 엄만 어린 동생을 때렸다며 형을 막 야단쳤어요.

"형이 날 아프게 했어요. 형은 나쁜 아이예요. 엄마, 날 안아주세요." 이렇게 하면 기분이 좋아져요. 엄마가 안아주는 게 참 좋아요. 엄마는 형한테 "넌 형이잖니! 네가 참았어야지!"라고 말하면서 야단쳤어요. 잘 가 형. 이제 엄만 완전히 내 거야.

엄만 내가 태어났을 때 형이랑 내가 사이좋게 노는 모습을 꿈꿨다고 했어요. 형이랑 내가 싸울 때마다 엄마는 화가 나고 기분도 엉망이 된다는 걸 잘 알아요. 하지만 우린 자주 싸울 수밖에 없어요. 이유는 주로 장난감 때문이랍니다.

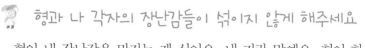
형과 나 각자의 장난감들이 섞이지 않게 해주세요

형이 내 장난감을 만지는 게 싫어요. 내 거란 말예요. 형이 한 개라도 가져가면 난 억지로라도 다시 빼앗아 올 거예요. 나만의 것을 소유한다는 건 내겐 매우 중요하거든요. 내 소유의 자동차들은 내 일부나 마찬가지예요. 내 장난감 자동차들과 소중한 내 보물들을 넣을 수 있는 상자가 필요해요.

형도 자기 장난감을 넣어둘 상자가 필요할지 몰라요. 그런 다음 각자의 상자에 들어 있는 장난감은 원하지 않으면 서로 나눠 쓸 필요가 없다고 말해 주세요.

엄마, 내 걸 가진다는 게 도움은 되지만 그렇다고 전혀 싸움을 하지 않게 되는 건 아니에요. 난 지금 '소유'라는 것에 대해서 조금씩 배우고 알아가는 중이거든요. 그래서 어떨 땐 원하는 건 모두 내 것이라고 생각하기도 해요. 그래서 형이 자기 기차를 만지지 못하게 하면 야단법석을 떨게 되는 거랍니다. 형이 생일 선물로 받아서 무척 아끼는 거라도 너무 갖고 싶으면 어쩔 수가 없거든요.

그럴 땐 엄마가 그건 형 거라고 말해 주세요. 엄마가 그렇게 말해 주어도 너무 갖고 싶다는 마음이 앞서 막 소리를 지를지도 몰라요. 어쩌면 엄마가 형한테 그걸 내게 빌려 줄 수 있는지 물어볼지도 모르죠. 내가 다른 사람들도 자기 소유물이 있다는 걸 완전히 배우기까지는 좀 더 시간이 필요해요. 만약 형의 기차를 내가 맘대로 가지고 놀게 내버려두면 형이 화가 날 테고. 그럼 내 장난감 중 하나를 빼앗아 망가뜨려버리거나 날 때릴지도 몰라요.

그러니까 내가 방해하지 못하는 그런 장소에서 형이 자기 장난감을 가지고 놀 수 있게 해주세요. 그냥 바닥에 아무렇게나 놓여 있으면 난 그만 만지고 싶은 유혹에 빠져들고 말거든요.

🌱 우리 힘으로 문제를 해결할 수 있게 도와주세요

솔직히 형이 야단맞는 게 좋아요. 그래서 엄마가 항상 형만 나무라고 내 편만 들어주면 난 계속 형한테 싸움을 걸 것 같아요. 엄마가 좀 더 공정하게 우리 문제에 개입해 주면, 우린 싸움을 덜 하게 될지도 모른답니다.

어떨 때는 내가 먼저 문제를 일으키고 또 어떤 날에는 형이 먼저 싸움을 시작하죠. 하지만 대부분 어떻게 시작된 건지 기억이 잘 나지 않아요. 그럼 서로 싸우거나 복수하는 대신 해결책을 찾아보기 위해 노력할지도 모르잖아요.

만약 형이랑 내가 모두 공동 놀이 상자에 있는 음식 장난감들을 가지고 놀고 싶을 때는 "너희 모두 음식 놀이를 하고 싶구나. 그럼 이제 어떡하면 좋을까?"라고 엄마가 먼저 물어봐 주세요. 난 아직 뭘 어떻게 하면 좋을지 모르는 일도 형은 종종 해결책을 찾아내거든요.

형은 나보다 나이가 많잖아요. 만약 우리 둘 다 좋은 생각을 하지 못할 땐 엄마가 뭔가 힌트를 주세요. 우리가 이런 문제를 해결하는 연습을 많이 해본다면 엄마의 도움 없이도 언젠가는 우리끼리 문제를 해결하게 될 거예요. 문제를 해결하는 방법을 배우는 건 참 좋은 일 같아요.

그런데 나에게 또 다른 새로운 문제가 생겼어요. 엄마가 이제 더 이상 내 편만 들어 주지 않으면 어떻게 엄마의 관심을 끌 수 있죠? 형하고 나누지 않아도 되는 엄마와 나만의 시간이 필요할 것 같아요. 엄마, 여기에 대해 혹시 좋은 생각이라도 있을까요?

형제애는 내버려둔다고 저절로 길러지는 게 아니에요

어떻게 보면 형제 자매는 부모의 사랑을 두고 서로 경쟁하는 관계로 시작되었다고 볼 수 있어요. 엄마는 나중에 태어난 동생에 대해 좀 더 관대한 경향이 있어서 동생을 때리는 형에 대해 참지 못하고 야단을 치게 됩니다. 아이들은 모두 엄마의 사랑에 목말라하고 있어서, 형과 동생을 똑같이 사랑해 주기란 사실 불가능하답니다.

형제애나 자매애를 키울 수 있는 상호작용 기회를 적극적으로 많이 만들어주세요. 또한 다툼이나 갈등이 생겼을 때 아이들끼리 해결할 수 있는 힘을 기를 수 있도록 도와주세요. 혹시 중재가 필요할 때면 양쪽의 입장을 모두 고려해 주는 엄마의 섬세한 배려가 필요하답니다.

Part 08

일부러 엄마를 화나게 하려고
그런 게 아니에요

잘못했어요, 엄마! 난 그냥 나도 모르게 말썽을 부리게 돼요. 나도 내가 왜 이러는지 잘 모르겠어요. 내 감정과 생각, 행동을 제대로 조절할 수 있으려면 아직도 한참 더 많이 자라야 할 거예요. 하지만 분명한 건, 내가 엄마를 일부러 힘들게 하려고 그런 게 아니란 거예요. 이것만은 믿어주실 거죠?

불끈 화가 나면 참을 수가 없어요

세 살이 된다는 건 갑자기 난폭해진다는
뜻인가 봐요. 나도 모르게 격한 감정에
휩싸여 버리거든요. 그럼 나는 바닥에
뒹굴면서 소리를 지르게 되죠.
그럴 땐 나도 내가 정말 무서워요.

 **엄마, 요즘 들어 주변의 많은 것들이 날 불쑥 화나게 만들어요.** 어제도 그랬더 요. 뽀로로가 끝나기도 전에 엄마가 텔레비전을 맘 대로 꺼버렸거든요. 난 정말로 화가 났어요. 텔레비전도 볼 수 없고 해서 퍼즐을 가지고 놀기 시작했는데 퍼즐 조각들이 제대로 들어맞 지 않는 거예요. 그래서 또 짜증이 났어요.

점심을 먹고 난 후엔 형이 집에 친구들을 우르르 데리고 왔어요. 형은 친구들하고 자기 방으로 쏙 들어가더니 같이 놀자고 하지도 않고 문까지 꽁꽁 닫아버리는 거예요. 나도 이젠 제법 자랐다고요. 나도 형이랑 형 친구들과 같이 어울려 놀고 싶어요. 어젠 정말 내 겐 너무 힘든 날이었어요. 그러다 저녁밥을 다 먹기도 전에 폭발해 버리고 만 거죠.

내가 불끈 화를 내면 엄마도 화가 난다는 거 잘 알아요. 하지만 그렇다고 나에게 버럭 소리를 지르는 건 사태를 더욱 악화시킬 뿐 이랍니다. 이미 화가 나버린 상태에서는 나에게 스스로를 통제할 능력이 없다는 걸 엄마도 잘 아시잖아요.

소리치지 말고 화제를 돌릴 수 있게 도와주세요

스스로를 통제할 수 없다는 건 참으로 무서운 일 같아요. 그러니 까 엄마, 제발 날 혼자 내버려두지 말아주세요. 항상 나랑 가까운 곳에서 필요할 때면 언제든지 달려와 날 도와줄 수 있다는 걸 보여 주세요. 엄마의 부드러운 손길이 닿으면 혼자일 때보다 금세 진정될 수 있을 거예요.

처음 몇 분 동안은 너무 화가 나서 엄마가 하는 소리를 듣지 못할지도 몰라요. 하지만 엄마의 따뜻한 말들은 내가 감정을 실컷 쏟아부은 후 날 다시 안정시켜 주는 데 많은 도움이 된답니다.

조용하고 부드러운 목소리로 "형 친구들이 같이 놀아주지 않으니까 화가 많이 났구나. 심심한데 말이지. 하지만 이젠 너도 충분히 화를 낸 것 같아. 자, 이젠 화 그만 내고 다른 재미있는 일을 찾아보지 않을래? 엄마가 도와줄게."라고 말해 주세요.

엄마, 나랑 함께 비눗방울 놀이를 하거나 모래 놀이 또는 찰흙을 바닥에 탕탕 치거나 베개 싸움을 하면 어떨까요? 이런 놀이들은 화난 감정을 없애는 데 정말 도움이 되거든요.

또 어떤 경우에 화가 나냐고요?

갑자기 막 짜증이 나고 화가 날 때가 있어요. 오늘만 해도 놀이터에서 놀 때 글쎄 한 아이가 내가 좋아하는 놀이기구 앞에 딱 버티고 앉아 있지 뭐예요. 그 녀석 때문에 난 아무것도 할 수가 없었어요. 그래서 할 수 없이 녀석을 밀쳐 버렸어요.

또 언젠가 놀이터에 갔을 때 일이에요. 다른 아이들이 먼저 많이

와 있어서 제대로 놀지도 못하다가, 아이들이 하나 둘 집으로 돌아가고 이제야 막 신 나게 삽으로 모래를 파며 재밌게 놀려고 하는데, 글쎄 엄마가 이제 집에 가자고 하는 거예요.

그때 난 집에 갈 준비가 안 되어 있었는데, 엄마가 억지로 나를 끌고가서 엉엉 울었어요. 발버둥치기도 했는데 엄마는 내가 왜 그러는지 이유를 물어보지도 않고 무조건 집에 가자고만 했어요. 하마터면 엄마를 물어버렸을지도 몰라요.

🚒 때리면 남을 다치게 할 수 있다고 알려주세요

아기였을 때는 원하는 걸 엄마에게 알리기 위해서 울고는 했어요. 원하는 것이란 대부분 배고픔이나 아픔을 해결하기 위한 것이었거나 엄마 품이 필요해서였죠.

세 살이 된 나는 요즘 내 주변의 궁금한 것들에 대해 속속 배워 나가느라 무척 바쁜 나날을 보내고 있어요. 그런데 내가 잘 모르는 것들 중 한 가지는 나와 다른 사람이에요.

어떤 애들은 내가 곁으로 다가가면 울어요. 난 그 이유를 잘 모르겠어요. 난 못된 아이거나 무서운 사람도 아니거든요. 물론 그런 게 무슨 뜻인지도 잘 모르지만요.

내가 화가 나서 친구를 발로 찼을 때는 엄마가 이렇게 말해 주세요. "발로 차면 안 된단다. 그러면 친구가 아프고 크게 다칠 수도 있거든. 너도 누가 발로 차거나 때리면 몹시 아프겠지?"라고요.

🎩 해서 안 되는 건 분명히 가르쳐주세요

요즘 들어 부쩍 더 자주 짜증이 나거나 화가 나요. 난 하고 싶은 것도 많고 뭘 할 것인지에 대해 굉장히 많은 생각들이 있거든요. 그런데 문제는 일이 내 생각만큼 잘되지 않는다는 거예요.

엄마, 힘들고 짜증스러운 기분을 말로 조리 있게 표현하고 싶지만, 난 아직 그럴 만한 풍부한 어휘력이나 표현력을 갖추지 못했답니다. 그러다 보니 집어던지거나 난리를 치며 소동을 피우거나 때리면서 내가 얼마나 화가 났는지 표현하곤 해요. 그것 말곤 달리 감정을 표현할 길이 없는 거죠.

얼마 전에 엄마가 날 억지로 차로 데려갔을 때도 내가 엄마를 마구 때린 적 있잖아요. 그럴 때면 엄마, 똑같이 날 때리거나 큰소리로 야단치지 말고 조용하지만 단호한 목소리로 "때리면 안 돼. 절대로 때려서는 안 되는 게 우리 규칙이야. 때리면 누구라도 아프거든." 하고 말해 주세요.

또 내가 놀이터에서 한창 재밌는 시간을 보내고 있었는데 당장 노는 것을 그만두고 집으로 가자고 했을 때도 마구 떼를 쓰며 난리를 쳤잖아요. 이럴 때도 엄마를 따라와야 했던 게 굉장히 힘들었을 거라는 걸 엄마도 충분히 이해하고 있다고 말해 주세요.

🚜 조금만 신경 쓰면 최악의 상황은 피해갈 수 있어요

난 기차를 좋아해요. 하지만 요전에 아빠가 사준 기차 퍼즐 놀이를 할 때면 화가 나고 짜증이 나요. 이 퍼즐을 가지고 놀 때는 내가 좀 더 능숙하게 잘할 수 있을 때까지 엄마가 옆에서 좀 도와주면 좋겠어요. 아니면 좀 더 클 때까지 보이지 않는 곳에 치우든가요.

그리고 뽀로로를 보는 중간에는 텔레비전을 끄지 말아주세요. 내가 가장 좋아하는 프로그램이거든요. 그렇게 열중하며 보고 있는데 꺼버리면 정말 화가 나고 어쩔 줄 모르겠어요. 난 하던 놀이를 강제로 멈추고 갑자기 다른 놀이로 바꿔야 하는 그런 상황이 참 힘들어요.

뽀로로가 끝날 때까지 기다린 다음에 텔레비전을 끄면 아침을 먹기가 훨씬 쉬울 거예요. 대신 뽀로로가 끝나기 몇 분 전에 미리 "뽀로로가 끝나면 텔레비전을 끌 거야."라고 알려주세요.

또 내가 자꾸 놀이터에 갈 때마다 친구들을 때리거나 괴롭히면서 문제를 일으키면, 당분간은 낯선 아이들 속에 날 무작정 몰아넣지 말아주세요. 나도 언젠간 곧 배려라는 걸 배워갈 테지만, 아직은 내가 원하는 게 눈앞에 있으면 옆에 있는 다른 친구들이 잘 보이지 않거든요.

그리고 엄마, 난 피곤하거나 배가 고프거나 졸린 상태에서 더 쉽게 짜증이 나고, 느닷없이 화를 폭발해 버려요. 그럴 때는 무리해서 외출을 하거나 장을 보러 가거나 낯선 사람들로 북적거리는 곳에 데려가지 않으면 좋겠어요. 그렇게 해주실 거죠?

참, 하나 또 있다! 다음번에 또 형 친구들이 놀러올 거라면, 그전에 내게 미리 알려주세요. 그럼 형과 친구들이 노는 동안 엄마와 내가 함께 할 수 있는 일이 뭐가 있는지 생각해 볼 수도 있잖아요. 우리 함께 과자를 만들어보면 어떨까요? 어때요, 좋은 생각이죠?

아직은 솟구치는 감정을 제대로 조절할 수 없는 나이입니다

아이가 느닷없이 소리 지르며 바닥을 데굴데굴 구르면서 울고불고 난리를 치면 참 난감합니다. 특히 공공장소에서 그런 행동을 보이면 더 곤란해지죠. 화가 나면 아이는 엄마나 아빠를 때리거나 같이 놀던 친구들에게 폭력적인 행동을 보이기도 합니다. 하지만 분별력이나 표현력, 감정 조절 능력이 미숙하기 때문에 나타나는 행동입니다.

물론 격려해 줄 만한 행동은 아니지만, 가급적 아이가 극단적인 감정을 느낄 만한 상황은 피할 수 있게 도와주세요. 그리고 그런 상황에 닥치더라도 부모가 침착한 태도로 달래야 합니다. 가장 최악의 시나리오는 아이와 부모가 함께 흥분하는 경우라는 점을 잊지 마세요.

화를 내면 나쁜 아이가 되나요?

엄마는 가끔 이렇게 말하세요.
"너 때문에 정말 미치겠다!" 엄마가
화를 내는 이유는 내가 밉기 때문이죠?
혹시 엄마는 내가 방긋방긋 웃을 때만
사랑하는 거예요?

활 활

불끈!

발끈

씩 씩

제발 좀 그만 하세요! 엄마가 지금 나한테 하는 말들 때문에 마음이 너무 아프고 무서워요. 왜 나한테 그렇게 크게 소리를 지르나요?

예전에 엄마가 나한테 그러면 안 되는 거라고 주의를 주었는지는 모르지만, 몇 번을 얘기했는지 내가 어떻게 알아요? 난 엄마가 몇 번이나 그 말을 했는지 세어보지 않았단 말예요. 어쩌면 나는 나쁜 아이인지도 몰라요. 엄마, 그래도 날 여전히 사랑하는 거 맞나요?

엄마를 화나게 할 작정은 아니었어요. 세 살이 된다는 게 어떨 때는 감당하기에 너무 힘들어요. 네 살이 되면 나의 어떤 행동들이 엄마를 화나게 하는지 좀 더 분명하게 알 수 있게 되겠지요? 하지만 지금은 엄마가 야단치면 혼란스럽고 겁이 나기만 해요.

어떤 때는 온몸이 부르르 떨리고 기분도 이상해져요. 급기야 소리를 지르거나 때리고 발로 차게 되죠. 그런 증상은 점점 더 심해지곤 해요. 그럼 엄마는 큰 소리로 "당장 그만 못 두겠니!"라고 하면서 나를 방으로 데려가서는 문을 닫아버려요. 엄마가 그럴 때마다 나는 너무 무서워요.

🚗 화를 내는 것도 감정의 하나라는 걸 말해 주세요

난 지금 기분이 몹시 나쁜 데다 어떻게 해야 할지 모르겠어요. 대체 왜 이런 감정들을 느끼게 되는 건가요? 지금 내가 느끼는 감정을 화가 났다고 말하는 거라고 가르쳐주세요. 그리고 사람은 누구나 때때로 화나는 감정을 느낀다는 것도요.

엄마, 엄마는 언제 화가 나요? 엄마도 나처럼 무서운 기분에 사로잡힐 때가 있나요? 난 화가 자주 나요. 내가 왜 화가 났는지 엄마가 대신 이유를 설명해 주면 나도 내가 왜 그렇게 화를 냈는지 이해할 수 있을 것 같아요.

엄마가 이렇게 말해 주면 좋겠어요. "태우야, 너 지금 블록이 원하는 대로 잘 세워지지 않아서 화가 났구나.", "오늘 비가 와서 놀이터에 나가 놀 수 없어서 화가 났구나."라고요.

🌰 분노를 건전하게 표현할 수 있게 도와주세요

내가 화났다고 해서 누구를 때리거나 발로 차거나 물건을 던지면 안 된다고 하셨잖아요. 그럼 난 어떻게 해야 하죠? 그냥 참고 있을 수만은 없잖아요. 그런 기분은 그냥은 사라지지 않는 데다 지금 내 몸은 폭발하기 직전이랍니다.

만약 엄마가 날 진정시키기 위해 방에 혼자 두어야겠다고 마음먹었다면, 그건 정말 잘못된 생각이에요. 그렇게 하면 상황은 더 악화되는 걸요. 나도 어서 기분이 나아지면 좋겠지만, 뭘 어떻게 해야 좋을지 모르겠어요.

화가 났을 때 내가 느끼는 기분이나 감정을 말로 표현해 보게 하면 좀 도움이 될 것 같아요. "엄마, 나 화났어!", "엄마 때문에 나 화 많이 났어!"라고 말할 수 있게 가르쳐주세요.

화가 정말 많이 나서 참을 수 없다면 푹신푹신한 베개를 때리거나 공원을 뛰어다닐 수도 있다고 해주세요. 나도 화를 진정시킬 장소나 방법을 찾아내야 하니까요.

🐷 아무리 화를 내도 변함없이 사랑하는 거 맞죠?

내가 아무리 화를 내도 엄마가 날 여전히 사랑한다는 걸 말해 주세요. 엄마가 나한테 똑같이 소리를 지르고 화내면 난 정말이지 너무 무서워요. 그리고 내가 화를 낼 때 엄마도 같이 화를 내면 마음을 가라앉히기가 훨씬 힘들어진답니다.

상황이 빨리 진정되려면 우리 둘 중 한 사람은 자제심을 잃지 말아야 해요. 저보다는 엄마가 훨씬 어른이잖아요. 그러니까 엄마가 먼저 차분한 목소리로 곁에 있다는 것을 알려주면서 날 안심시켜 주세요. 그러면 이런 상황을 스스로 극복할 용기와 자신감이 생길 거예요.

혹시 엄마도 깜빡 흥분을 참지 못해 소리를 질러버릴 수도 있을 거예요. 그럴 땐 계속 화만 내지 말고 "화내서 미안해. 엄마가 갑자기 소리를 질러서 널 겁나게 했나 봐. 네가 소파에 우유를 잔뜩 쏟는 걸 보니까 나도 모르게 화가 났어. 때때로 네가 하는 어떤 일들이 엄마를 화나게 하기도 하지만, 그래도 난 언제나 널 사랑해. 엄마 마음 알지?"라고 말해 주면 좋겠어요.

이럴 때 나한테 가장 필요한 게 뭔지 아세요? 바로 사랑하는 엄마의 위로와 따뜻한 포옹이랍니다.

언제나 사랑하고 있다는 믿음은 훈육의 밑거름이에요

아이가 분명 잘못된 행동을 하고 있다면 부모로서 이를 바로잡아 줄 의무가 있습니다. 다만 훈육을 할 때도 아이의 현재 분별력 수준을 감안해야 해요. 아이가 말썽을 부리고 화를 내고 흥분한다고 해서 부모도 똑같이 아이와 함께 흥분하면 결국 양쪽 모두 상처를 받는 결과만을 초래할 뿐입니다.

아이가 좀 더 건전하게 분노 감정을 표현할 수 있도록 부모님이 도와주세요. 또 아이가 비록 잘못한 상황이라고 해도 여전히 사랑하는 마음에는 변함없다는 언어적·비언어적 표현을 통해 부모와 자녀 사이의 기본적인 신뢰와 애착이 흔들리지 않게 노력해 주세요.

진짜 내가 그런 거 아니에요

주스를 엎지르는 건 나쁜 일이에요. 하지만 난 나쁜 아이가 아니에요. 난 좋은 일을 하려고 노력하지만, 나도 모르게 어쩔 수 없이 그냥 나쁜 일들이 생겨버리는 걸 어떻게 해요. 주스를 엎지를 생각 따윈 없었어요. 그러니까 내가 주스를 엎지른 게 아니고 주스가 자기 혼자 저절로 엎어진 거예요.

그런데 정말 이상한 거 있죠? 너무 간절히 바랐더니 진짜로 주스가 자기 혼자 저절로 엎질러져 쏟아진 거라고 믿게 되고 만 거예요. 그럼 그렇죠, 난 착한 아이잖아요. 그렇게 착한 내가 주스를 쏟았을 리 없어요. 안 그래요?

 완벽한 아이가 되라고 하지 말아주세요

엄마, 세 살짜리는 어른보다 실수를 잘한답니다. 컵을 식탁 가장자리에 놓으면 떨어질지도 모른다는 사실도 난 아직 잘 몰라요. 왜냐고요? 난 어리니까요. 그러니까 날 너무 다그치며 야단치지 말아주세요. 단지 몰랐을 뿐이니까요. 그리고 엄마, 내가 그런 게 아니라고 말했잖아요.

내가 이런 거짓말을 하는 게 싫으면 실수를 저질렀을 때 무조건 두려운 마음이 들지 않도록 도와주세요. 그저 차분한 목소리로 컵은 평평하고 넓은 곳에 놓아야 떨어지지 않는다는 걸 알려주세요.

그리고 내가 어질러놓은 거 치우는 걸 도와주겠다고 말해 주세요. 또 내가 뭔가를 엎지르면 바로 엄마한테 말해야 한다는 것도 가르쳐주세요. 그래야 청소하기 쉽다는 것도요.

엄마도 때론 나처럼 실수하기도 한다는 걸 말해 주면 더 좋겠어요. 그리고 엄마가 실수했을 때 나한테 이렇게 말해 주는 거예요. "오, 이런! 엄마가 실수를 했구나. 얼른 닦아야겠다."라고요. 엄마, 내가 도와줄까요?

🎩 내가 하는 터무니없는 말들에 너무 신경 쓰지 마세요

풍풍이라는 이름의 개가 있어요. 풍풍이는 재주넘기를 아주 잘한답니다. 난 풍풍이랑 공놀이도 해요. 또 나에게는 뽀뽀라는 이름의 악어도 있는데 걘 내 침대 밑에서 살고 있어요. 밤에 자다가 내가 무서워할 때면 뽀뽀가 기어나와서 날 지켜주곤 하죠.

난 이제 온갖 상상을 할 수 있어요. 그리고 그렇게 상상한 것들을 다른 사람한테 말해 주는 걸 좋아하고요. 그게 뭐 잘못된 건가요? 가끔은 뭐가 진짜고 뭐가 상상인지 혼동되고 헷갈릴 때도 있어요. 다른 사람들도 그런 거 아닌가요?

난 거짓말이란 게 뭔지 잘 모르겠어요. 내가 하는 일종의 상상놀이 같은 건가요? 민영이가 우리 집에 와서 내 개를 보고 싶어 했어요. 하지만 어쩌죠? 풍풍이는 오직 나만 볼 수 있거든요. 엄마가 민영이한테 내 개 이름은 퐁퐁인데 다른 사람 눈엔 보이지 않고 오로지 나만 볼 수 있다고 말해 주세요.

이건 절대 거짓말이 아니에요. 그저 내가 세상을 이해하고 배워가는 수많은 방법들 가운데 하나일 뿐이거든요. 내 상상 속의 이야기들은 내게 힘을 주기도 하고, 안전함을 느끼게도 해주며, 즐거움을 준답니다. 엄마, 엄마도 우리 또래 아이들이 하는 상상놀이의 힘을 잘 알고 계시죠?

아이들은 차분한 목소리로 알려줄 때 더 귀담아들어요

평소 아이가 실수할 때 심하게 다그칠수록 거짓말을 할 가능성이 더 높아집니다. 아이들은 아직 옳고 그름에 대한 분별력이 없기 때문에 엄마의 무서운 얼굴을 떠올리게 되면 일단 책임부터 회피하려 드니까요. 엄마 입장에서 다소 화가 나더라도 아직 어린 아이라는 걸 잊지 말아주세요.

실수했을 때 다그치고 나무라기보다 앞으로 어떻게 행동해야 하는지 차근차근 알려주면 장기적으로 훈육에 도움이 됩니다. 또한 이 연령대는 현실과 상상에 대한 구분이 뚜렷하지 않은 시기이므로, 어른의 잣대로 행동을 평가하지 말아야 한답니다.

징징대면 원하는 걸 주시잖아요

'안 돼'가 항상 엄마의
마지막 대답은 아닌 것 같아요.
조르고 또 조르면 어떤 날은
내가 원하는 걸 하게 해주거든요.

항복······

아~ 아~ 앙~

뚜동동동동동동

엄마, 여기가 바로 내가 제일 좋아하는 가게예요. 아이들에게 과자를 그냥 나눠주기도 하거든요. 엄마가 날 카트에 앉혔을 때 난 "과자! 엄마, 과자요!"라고 말했어요. 바나나가 있는 곳을 지나갈 때도 난 "과자! 엄마, 과자요!"라고 말했죠. 엄만 두 번 모두 들은 척도 하지 않는 거예요.

그래서 난 엄마가 내 목소리를 제대로 듣지 못했을지도 모른다고 생각했죠. 그래서 목청을 높여 다시 말했어요. "과자! 엄마, 과자요!" 그랬더니 엄만 다짜고짜 "그만 좀 징징거려라! 오늘은 과자 없다!"라고 짜증스럽게 말하는 거예요.

하지만 엄마, 여긴 과자를 파는 곳이잖아요. 난 과자를 먹고 싶단 말예요. 그래서 또 다시 말했죠. "과자 줘요, 과자!" 그러자 엄만 무서운 얼굴을 하고선 나 때문에 못살겠다고 했어요. 그러곤 우린 과자를 주는 데로 갔고, 결국 난 과자를 얻었지요.

🐑 징징대지 않고 요청하는 방법을 가르쳐주세요

엄마는 내게 그만 좀 징징거리라고 하셨어요. 하지만 난 징징거리는 게 뭔지 잘 몰라요. 그건 아마도 내 목소리와 연관이 있는 것 같아요. 내가 징징거릴 때의 목소리가 어떻게 들리는지 녹음을 해서 다시 들어보면 어떨까요? 그리고 내가 징징거리지 않고 예쁘게 말할 때도 녹음을 해두는 거예요. 그래서 내가 둘을 서로 비교해 볼 수 있게 하는 거죠.

엄만 주로 내가 하지 말아야 할 것들에 대한 이야기를 자주 해요. 하지만 그보다는 내가 할 수 있는 것들에 대해서 가르쳐주면 정말 좋겠어요. 내가 어떻게 물어보는 게 좋으세요? 말끝에 "~네?"라고 덧붙이면 좀 듣기 좋은가요, 네?

엄마가 징징거리지 말라고 해서, 난 "네!"라고 대답했지만, 아마도 난 또 금세 잊어버리고 징징거릴지도 몰라요. 하지만 그렇더라도 화내지 말고 예쁜 목소리로 말하는 게 더 좋다고 말해 주세요.

배고프고 피곤할 때는 예쁘게 말하기가 더 어려워요. 그럴 때에는 엄마의 인내심이 더 많이 필요하죠. 또 더 많이 안아주어야 하고요. 혹시 엄마가 징징대는 목소리를 내면 '엄마가 지금 힘든가 보다.'라고 생각해서 엄마를 많이 안아드릴게요.

내 요구에 진지하게 귀기울여 대답해 주세요

내가 엄마에게 뭔가를 이야기할 땐 제발 하던 일을 멈추고 내 요구를 진지하게 들어주세요. 엄마가 대답해 줄 때까지 난 계속해서 묻고 또 물어볼 거예요. 만약 "그래."라고 대답해 줄 수 있는 거면 징징거리기 전에 빨리 대답해 주면 좋겠어요.

하지만 만약 절대로 들어줄 수 없는 걸 내가 요구한다면, 들어줄 수 없는 이유를 분명히 알려주세요. 그럴 때는 내가 아무리 떼를 쓰고 조른다고 해도 단호한 모습을 보여주셔야 해요. 만약 떼를 쓰고 난 다음에 내 요구를 들어준다면 난 절대 징징거리는 나쁜 습관을 고칠 수 없을 거예요.

징징거리는 행동은 부모의 대응에 따라 강화될 수 있어요

징징대며 떼쓰는 패턴의 행동은 아기 때부터 강화되었다고 볼 수 있어요. 의사표현 수단이 울음뿐이었던 시절, 요구 사항을 얻어내려 부모가 들어줄 때까지 울었듯, 언어 능력이 생겨 요구를 말로 표현할 수 있게 되었는데도 부모가 들어주지 않으면 들어줄 때까지 조르는 거랍니다. 이렇듯 자칫 부모의 잘못된 응답 방식에 의해 징징대는 행동은 습관으로 굳을 수도 있답니다.

아이가 뭔가를 요구할 땐 우선 귀기울여 주고, 들어줄 수 없는 요구라면 단호한 태도를 유지해야 합니다. 다만 소망 자체에 대해서는 충분히 공감해 주되, 들어줄 수 없는 이유를 찬찬히 설명해 주세요. 징징대고 요구를 들어주는 과정이 계속 반복되면 잘못된 습관이 강화될 수 있답니다.

제발 방 안에 혼자 두지 마세요

꽝꽝! 싫어요!
날 방에 혼자 두지 마세요!
무서워요. 대체 혼자서 무얼
생각하라는 거예요?
싫단 말예요.

쾅 쾅 쾅 쾅

쾅 쾅 쾅 쾅

민철이가 내 장난감 말을 빼앗아 갔어요. 그래서 민철이가 말을 손에서 내려놓을 때 내가 얼른 다시 가져 온 거예요. 어, 민철이가 왜 울죠? 엄마, 나한테 소리지르지 마세요. 난 나쁜 애가 아니에요. 방에 혼자 들여보내지 마세요. 혼자 있기 싫어요. 정말 무서워요.

나는 민철이가 너무 미워요. 나 여기 안 있을래요. 엄마가 문을 닫으면 난 문을 발로 차고 손으로 쾅쾅 두드릴 거예요. 기분이 너무 나쁘니까요. 그러다 통제 불능 상태가 되고 말 테지요. 엄마, 날 아직도 사랑하는 거 맞나요?

🌱 어떻게 행동하면 되는지 방법을 가르쳐 주세요

민철이와 나는 사촌이지만 똑같이 세 살이에요. 민철이를 보면 막 신이 나요. 내가 가지고 놀던 장난감을 민철이가 빼앗아가거나 내 블록들을 넘어뜨릴 때는 문제가 생기기도 하지만요. 우리 둘이 싸우기 시작하면 엄만 나를 막 야단치고는 내 방에 혼자 들여보내요. 그러고는 내가 뭘 잘못했는지 생각해 보라고 하세요.

하지만 난 내가 뭘 잘못했는지 모르겠어요. 엄마가 날 방에 혼자 들어가 생각해 보라는 말에 너무 화가 나서 민철이랑 나 사이에 대체 무슨 문제가 있었는지조차 잘 모르겠어요.

엄마, 난 이제 막 다른 아이들과 함께 노는 법을 배워가기 시작한 걸요. 민철이랑 내가 문제없이 잘 놀기 위해선 엄마의 도움이 꼭 필요해요. 우리한테 "안 돼! 내 거야!", "나한테 돌려줘!", "이제 내 차례야!", "나 너 때문에 다쳤어." 같은 말들을 가르쳐주세요.

🚗 피곤하면 문제를 일으키니까 재충전할 시간을 주세요

어떤 날에는 진짜 큰 문제가 벌어지기도 해요. 물론 항상 그런 건 아니지만, 내가 화가 나거나 짜증이 많이 날 때 주로 그런 일이 생기는 것 같아요. 또 어떨 때는 그냥 자제할 힘이 없어서이기도 해요.

내 안에서 갑자기 이상한 감정들이 들끓어서는 마침내 민철이를 때리거나, 장난감을 집어던지거나, 아니면 그냥 집안을 마구 뛰어다니게 된답니다. 엄마, 내가 자제력을 잃기 전에 나를 좀 말려 주세요. 아무래도 휴식이 필요한 것 같아요.

엄마가 "준성아, 네게 무언가 문제가 생겼나 보구나. 기분이 좋아질 때까지 엄마랑 같이 흔들의자에 앉아 있자."라고 말해 주면 좋겠어요. 엄마랑 같이 있으면 마음이 편안해지거든요. 날 진정시키고 기분을 좀 나아지게 하기 위해 주의를 돌릴 수 있는 다른 놀이를 하거나, 아니면 엄마가 조용한 목소리로 책을 읽어주면서 함께 쉬는 건 어때요?

휴식을 갖는 건 좋아요. 그럼 다시 신 나게 놀 수 있거든요. 엄마도 휴식이 필요하다고 느끼신 적이 없나요?

🟢 화가 난 감정을 표현하게 도와주세요

화가 나면 온몸으로 그 느낌이 퍼져나가는 것 같아요. 이런 감정이 어서 빨리 사라지면 좋겠어요. 어떻게 해야 이런 감정을 내 안에서 없애버릴 수 있나요? 화내지 말라고 말하지는 마세요. 난 이미 화가 많이 나버렸단 말예요. 화내지 말라고 말하는 대신 화내는 건 괜찮지만 민철이를 때리는 건 안 된다고 말해 주세요.

사람이나 동물을 때리는 대신 손으로 베개를 때려서 화를 표현하는 법을 보여주세요. 화가 가라앉고 나면 날 꼭 껴안아주실 거죠? 포옹은 마음을 가라앉히는 데 큰 도움이 되거든요.

아이에게 분노를 건전하게 표현하는 법을 알려주세요

아이가 불쑥 분노를 표출할 때, 무작정 야단만 치거나 아이를 진정시킨다는 이유로 방에 혼자 내버려두는 경우가 있습니다. 하지만 아직 어린 나이여서 혼자 방에서 팔다리를 휘두르다 다칠 수도 있어요. 또 엄마와 떨어져 혼자 갇혀 있다는 생각은 아이에게 공포심을 줄 수도 있답니다.

어른처럼 아이도 화가 나면 이를 해소하기 위한 시간이 필요합니다. 좀 더 바람직한 방향으로 분노를 해소할 수 있게 도와주세요. 무조건 화를 참으라고 하기보다는 건강하게 표출하고 해소할 수 있도록 도와주는 게 중요합니다. 또 어느 정도 감정이 해소된 후엔 꼭 안아주는 것도 잊지 마시기 바랍니다.

여섯 번째
에피소드

나도 누굴 때려도 되나요?

자꾸 그러면 때릴거야!
엄마나 연지가 내가 싫어하는
일을 하면 나도 엄마나 연지를
때려도 되나요?

흠칫~

가끔 엄마가 많이 화났을 땐 내 엉덩이를 때리잖아요. 물론 엄마도 화가 많이 나서 그럴 테지만, 제발 그러지 말아주세요. 아프단 말예요. 내가 연지를 밀치고 손에 있는 장난감을 억지로 빼앗았을 때 엄마가 날 때렸어요. 하지만 그건 원래 내 거란 말예요. 그러니까 내가 가져와야 하는 게 맞아요. 난 정말이지 연지가 미워요.

🚗 나보곤 때리지 말라면서 엄만 왜 날 때리세요?

어제는 과자 때문에 소란을 피우다가 마트에서 엄마한테 맞았어요. 그때 난 너무너무 화가 났죠. 그래서 나도 엄마를 마구 때렸어요. 그러니까 엄마가 굉장히 당황해하면서 더욱 화를 내는 거예요. 엄마는 날 때려도 괜찮고, 난 엄마를 때리면 안 되는 건가요?

만약 다른 사람들이 엄마를 화나게 하면 어떻게 하실 건가요? 예를 들어, 택배 아저씨가 늦게 물건을 배달하거나 우유 아줌마가 우유를 늦게 가져다주면 엄마는 그 사람들도 때리실 건가요?

그게 아니면 원래 자기보다 훨씬 작은 사람들은 때려도 되는 건가요? 어린이집에 나보다 한 살 어린 민이라는 애가 있는데 가끔 그 녀석 때문에 화가 많이 나거든요. 그 녀석은 나보다 작고 힘도 없어 보이는 데다 어리니까 때려도 될까요?

엄마가 날 때리면 난 너무 화가 난답니다. 너무 화가 난 나머지 왜 내가 매를 맞게 되었는지, 뭘 잘못해서 그런 건지 그 이유 따윈 생각조차 나지 않아요. 나 같은 세 살짜리들은 생각하는 게 아니라 그냥 느낄 뿐이에요. 엄마가 날 때리면 난 내 자신이 쓸모없게 느껴지고 또 엄마가 너무너무 밉고 무서워져요.

'아마도 난 나쁜 아이인가 봐요.' 엄마, 이게 바로 내가 느껴야만 하는 감정인 건가요? 혹시 바로 이게 엄마가 나한테 가르쳐주고 싶어 했던 거예요?

🐸 때리는 것 말고 다른 방법을 찾아봐 주세요

엄마, 세 살이 된다는 건 참 어려운 일 같아요. 난 아직 미래에 대해 생각하고 준비할 겨를 없이 순간순간을 살아가는 것만으로도 벅차거든요.

그래서 엄마가 알려준 규칙들을 때때로 잊어버리기도 해요. 말하자면 강아지 꼬리를 잡아당겨서는 안 된다는 것, 길거리에 혼자 나가서는 안 된다는 것, 그리고 남의 물건을 함부로 만지면 안 된다는 것 등을 말예요.

난 정말 아직 배울 게 너무 많아요. 게다가 모두 복잡하기만 하답니다. 정말 많은 것들이 나를 혼란스럽게 해요. 엄마는 어떤 날은 마트에서 과자를 사주는데, 또 어떤 날은 안 된다고 하시거든요. 옆집에 사는 친구 철이랑 놀고 싶은데, 엄만 또 안 된다고 해요. 난 하루 종일 안 된다는 소리만 듣는 것 같아요.

난 나쁜 애가 되고 싶지는 않아요. 엄마가 날 좀 도와주면 좋겠어요. 때리고 윽박지르는 대신, 내가 뭘 해야 할지 보여주면 좋을 것 같아요. 그리고 뭘 만지면 안 되는지 그저 말로만 주의를 줄 게 아니라, 내가 만져서는 안 되는 것들은 내가 볼 수 없는 곳에 멀리 치워두면 좋겠어요. 그럼 나와 엄마 모두 행복해질 거예요.

내 나이가 되면 많은 것에 관심을 보인답니다. 넘치는 호기심 덕분에 어느 것은 만져도 되고 어느 것은 안 되는지 순간 깜빡 잊어버릴 때가 있어요. 아마 네 살이나 다섯 살쯤 되면 안 되는 것들에 대해 지금보다는 조금 더 잘 기억할지도 몰라요. 하지만 지금 당장은 엄마가 일일이 상기시켜 주어야 한답니다.

엄마가 조금만 더 나를 배려해 주세요

지치고 배고플 땐 감정을 조절하기 더욱 어려워져요. 날 때린다고 해서 절대로 상황이 더 나아지는 건 아니에요. 그냥 화만 더 날 뿐이죠. 엄마가 때리면 난 막 소리를 지르게 되고, 그러다 보면 마치 브레이크가 고장나 버린 자동차처럼 어떻게 멈춰야 할지 모르게 되고 만답니다.

뭘 하고 싶고, 갖고 싶은데 어떨 때는 그게 뭔지 나도 잘 모르겠어요. 그럴 때 나한테 제일 필요한 건 엄마인 것 같아요. 제발 날 때리지 말고 이렇게 말해 주세요. "이런, 지치고 배가 고파서 기분이 엉망이구나."라고 말만 해주어도 내가 지금 왜 이러는 건지 이해할 수 있답니다.

쇼핑하는 것도 나한테는 힘든 일 가운데 하나예요. 그러니까 내가 지치고 배고플 때는 쇼핑을 가지 않으면 좋겠어요. 그저 돌아다니기만 해도 힘이 들고 짜증이 날 때가 있거든요. 내 주변의 모든 것들이 아무 이유 없이 그냥 싫어질 때도 있고요.

이미 화가 나버리면 그땐 정말 내 자신을 통제하기 힘들어져요. 혹시 엄마도 이런 통제할 수 없는 느낌이 든 적 있나요? 난 자주 그런 느낌이 들거든요. 내가 이렇게 감정을 잘 조절하지 못하는 건 아직 내가 어려서 그런 것일지도 몰라요.

엄마, 내가 강아지 꼬리를 잡아당기거나 문을 발로 차거나 할 때 날 보지도 않고, 그저 부엌에서 하지 말라고 소리만 지르는 건 하나도 도움이 되지 않아요. 만약 엄마의 첫 번째 경고에도 내가 멈추지 않고 계속해서 나쁜 행동을 한다면, 그땐 내게로 오셔서 내가 나쁜 행동을 그만둘 수 있게 도와주세요. 나 혼자의 힘으로는 할 수 없기 때문에 가끔은 엄마가 도와주셔야 하거든요.

그런데 말이죠, 내가 엄마의 인내심을 완전히 흔들어버릴 만큼 진짜 화나게 만드는 그런 날도 분명 있을 거예요. 그런 날은요, 엄마가 날 잠깐 두고 엄마 방으로 가서 혼자 심호흡을 하는 게 나를 때리며 계속 씨름하는 것보다 나을 거예요. 엄마의 기분이 좀 나아져서 차분히 이야기할 수 있게 되면, 그때 내가 동생을 때려서 엄마가 화가 많이 났다고 말해 주세요.

그런 다음에는 동생이 내 장난감을 가져가서 돌려주지 않을 때, 동생을 때리는 대신 내가 어떻게 하면 좋은지 차근차근 이야기해 주세요. 물론 나는 한 번 이야기해 준다고 해서 바로 행동을 고칠 수는 없어요. 하지만 엄마의 노력이 계속된다면 나는 절대 다른 사람에게 쉽게 폭력을 휘두르는 사람으로 자라지는 않을 거예요.

체벌은 부작용이 큰 훈육 방법입니다

부모로서 오죽하면 때리고 싶을 만큼 화가 날까요? 부모도 사람이기 때문에 완벽하게 감정을 조절한다는 게 쉬운 일만은 아니에요. 하지만 때리는 방식으로 훈육할 경우 그 부작용은 고스란히 부모와 아이에게로 되돌아오게 됩니다. 부모가 때리는 행동을 그대로 학습해, 화가 나면 다른 사람을 때리는 행동으로 나타날 수 있으니까요.

또한 매를 피하기 위해 고친 아이의 행동은 자발적으로 문제를 깨닫고 나서 반성한 게 아니라서 언제든 비슷한 문제 행동을 유발할 수 있습니다. 특히 세 살짜리는 아직 아기 티를 벗은 지 얼마 안 된 어린아이입니다. 분별력을 기대하는 건 무리니, 좀 더 인내심을 갖고 사랑으로 배려하는 훈육이 필요하답니다.

안녕~
우리 네 살이
되면 만나요!
끝 ^^